政治家の覚悟

菅 義偉

文春新書

1287

はじめに

「政治の空白」は許されない

第二次安倍内閣が発足して以来七年八カ月にわたり、内閣官房長官として安倍晋三総理のもとで日本経済の再生、外交・安全保障の再構築、全世代型社会保障制度の実現という、この国の未来を左右する重要課題に取り組んできました。

今年に入ってからは新型コロナウイルス感染症の拡大というかつてない国難に直面する中で、感染拡大と医療崩壊を防ぎ、同時に社会経済活動を両立させるという課題に真正面から対処してきました。こうした中で、陣頭指揮を執っていた安倍総理が自身の体調によって道半ばで急遽退かれることになりました。前総理の無念の思いを推察致します。

しかし、この国難への対応には一刻の猶予もなく、「政治の空白」は決して許されません。この危機を乗り越え、全ての国民の皆さまが安心できる生活を一日も早く取り戻すために、安倍前総理が全身全霊を傾けて進めてこられた取り組みをしっかり継承し、私の持てる力を全て尽くしてさらに前に進める覚悟です。

政治家を志した原風景

私は雪深い秋田で農家の長男として生まれました。子どもの頃は水道がなく、家の前の堰に流れる水で毎日顔を洗っていたものです。すごく冷たくて、冬には手がしびれるほどでした。今でも毎朝、冷たい水で顔を洗うと、当時が思い出されます。

中学では同級生が百二十人くらい。その半分が卒業して東京に集団就職し、残りの六十人のうち三十人は農業などの家業を継ぎました。高校へ行ったのは三十人くらいしかいません。私もその一人です。高校時代は、漫画『釣りキチ三平』のモデルになった役内川が実家の近くにあり、そこで渓流釣りばかりしていました。

高校を卒業すると、多くは農業を継ぎます。しかし私は、すぐに農業を継ぐことに抵抗を感じ、違う世界を見てみたいとの思いから、高校卒業後に、家出同然で東京へ出ました。東京には何かいいことがあると思っていたのです。一足先に上京していた中学時代の同級生が、お盆などに秋田に帰郷すると、「東京はこんなところだ」と話をしてくれていたので、それを聞いて変な憧れを持っていたのかもしれません。日本がちょうど右肩上がりで、そんな雰囲気が漂っていた時代でした。両親は「まあ、長男坊だからいずれ帰ってくるだろう」と思っていたのでしょう。

しかし、現実はそんなに甘くありませんでした。板橋区の町工場に見習いとして住み込みで働き始めたのですが、想像していた生活とまるで違いました。本当に厳しかった。中学を卒業して先に上京していた同級生達と、日曜に集まることだけが楽しみでした。この時期、ここでこのまま一生を終わりたくないという思いが芽生えてきました。ほどなく会社をやめて、築地市場でのアルバイトなどをしながらお金を貯めました。一番思い出したくない青春時代です。

そして、やはり大学に行かないと自分の人生は変わらないのではないかと考え、勉強して二年遅れで法政大学に入りました。当時、私立大学の中では法政の学費が一番安かったのです。

当時は学生運動が全盛で、大学はほとんどロックアウト状態でした。授業も試験もなくレポート提出ばかりだったことを覚えています。私は学生運動を尻目に、生活のために稼がなければならないので、銀座にある日劇の食堂でカレーの盛り付けをしたり、ＮＨＫでガードマンをしたり、新聞社の編集部門で雑用係をやっていました。自分を思い切って試してみたいと思い、空手にも打ち込んでいました。

卒業後はいつかは田舎に帰るつもりでいたので、それなら東京でもう少し生活したいと思い、会社勤めを始めます。そこで世の中がおぼろげに見え始めた頃、「もしかしたら、この国を動かしているのは政治ではないか」との思いにいたります。そして、「自分も政治の世界に飛び込んで、自分が生きた証を残したい」と思うようになったのです。当時私は二十六歳でした。

ですが、伝手などありません。法政大学の学生課を訪ねて、「法政出身の政治家を紹介してほしい」と相談をしました。そこからの縁で通産大臣も務めた小此木彦三郎先生の秘書として働くことになりました。小此木先生は、けじめとか基本を大切にする人でした。繊細で、箸の上げ下げまでうるさかったのですが、一度信用すると、何でも任せてくれました。「毎朝必ずうちに来い」と自宅に呼ばれて、ご家族と一緒に朝食を食べさせてもらっていました。今思えば、一番可愛がってくれたのだと思います。

ただ、秘書になり政治を間近で見るようになったものの、当時の私には「地盤」も「看板」も「鞄」もありません。ですから、政治家になれるとは思っていませんでした。いつか田舎に戻らなければならないという気持ちは消えていなかったのです。

三十歳を目前にした一九七七年、事務所を辞めて秋田へ帰ると切り出しました。すると、小此木さんが唐突に「野呂田芳成さんの参議院選挙の応援で秋田に行くから、お前もついて来い」と言って、連れていかれました。さらに、突然「お前の実家に寄ろう」と言い出した。そして、私の実家の両親の前で「もう少し私に預けてくれませんか。ちゃんと鍛えますから」と言うのです。これで両親もなかなか「帰ってこい」とは言えなくなり、当の私も腹を固めざるを得なくなりました。

小此木事務所には七人の秘書がいて、私はその中では一番若くて下っ端です。ところが入って九~十年目のときに小此木さんが通産大臣になり、私を大臣秘書官に登用してくれました。おかげで小此木さんにお供しながら、ヨーロッパやアメリカなどを三十代半ばで回ることができました。

その後、一九八七年に三十八歳で横浜市会議員選挙に出馬しました。それまでの私にとって市会議員というのは雲の上の存在で、自分がなれるとは思っていません。ところが、偶然、横浜市西区の七十七歳の現職議員が引退し、息子を後継に指名して出馬させようとしていたものの、その息子さんが急逝されてしまったのです。勉強こそあまりしてこなかった私ですが、『三国志』や戦国武将の歴史の本はよく読んでいたので、「もしかしたら、俺は運が強いのかな」と思いました。そして、「やろう！」となったのです。ただ二転三転して、その議員が「また出る」と言いはじめ、自民党の人たちからは「今回はやめておけ」、「四年後にまた出ればいい」と何度も諦めるように言われました。しかし、私は頑として応じなかった。「これはチャンスだ」と思って貫き通しました。そこが一つの運命の分かれ目だったと思います。チャンスが巡ってきた時に判断できるか。やはり最後は本人の覚悟しかありません。

ただ、出馬はしたものの、そのときの選挙区は、地元意識が強く、私のようなよそ者は厳しい状況だと見ていました。ですが、私はあえてチラシや名刺に「秋田出身」と書いた。すると、都会には地方出身者が多かったこともあり、「俺も秋田だ」「俺は東北だ」「九州だけど同じ地方出身だ」と応援の声が徐々に増え、なんとか当選することができました。

そして地方政治に携わる中で、国民の生活をさらに良くするためには地方分権を進めなければならない。そういう思いの中で国政を目指し、一九九六年、四十七歳のときに衆院神奈川二区で初当選させていただきました。

それ以来、八期連続で国政に携わっており、大臣政務官、副大臣、総務大臣を務め、第二次安倍内閣では官房長官として国のために改革を進めてきました。

メリハリの利いたコロナ対策

そして、内閣総理大臣に就任したいま、取り組むべき最優先の課題は、新型コロナウイルス対策です。欧米諸国のような爆発的な感染拡大は絶対に防がなければなりません。そのために、年初来の新型コロナウイルス対策の経験を活かし、メリハリの利いた感染対策を行い、検査体制を拡充し、必要な医療体制を確保していきます。また、来年前半までに全ての国民に行きわたるワクチンの確保を目指しているところです。

同時に、依然として厳しい経済状況の中で、雇用を守り、事業を継続させていくことが極めて重要です。最大二百万円の持続化給付金、雇用調整助成金、最大四千万円の無利子・無担保融資などの経済対策を必要とされる方々に迅速にお届けします。

さらに、Ｇｏ　Ｔｏキャンペーンなどを通じて、感染対策をしっかり講じることを前提に、観光、飲食、イベント、商店街など、ダメージを受けた方々を支援していきたい。Ｇｏ　Ｔｏトラベルについては、七月下旬のスタートから私が総理に就任した九月十六日時点まででで、のべ千三百万人を超える方々にご利用いただきましたが、Ｇｏ　Ｔｏ利用者のコロナ感染者は十名にとどまります。今後も躊躇なく対策を講じていくつもりです。

このように国民の命と健康を守り抜き、そのうえで経済活動との両立を目指していかなければ、国民生活が立ち行かなくなってしまうでしょう。

コロナ禍でもマーケットは安定

経済の再生も、引き続き、政権の最重要課題です。金融緩和、財政出動、成長戦略を柱とするアベノミクスを継承し、これからも一層の改革を進めていきたいと考えています。

安倍政権発足前は、一ドル七十円台、株価は八千円台で、企業が経済活動を行うには極めて厳しい状況でした。現在は、この新型コロナウイルスの中にあっても、マーケットは安定した動きを見せています。

また、政権発足以来、人口が減少する中にあっても、就業者数は四百万人以上増え、そのうちの三百三十万人は女性でした。全ての都道府県で有効求人倍率が一以上、つまり、働きたい人に仕事がある状況を作ることができたのです。バブル崩壊後、こうした最高の経済状態を実現したところで、新型コロナウイルスが発生してしまいました。しかし、ポストコロナの社会の構築に向けて、集中的に改革し、必要な投資を行い、再び力強い成長を実現したいと考えています。

ポストコロナ時代に迫られるデジタル化

新型コロナウイルスで浮き彫りになったのは、「デジタル化」および「サプライチェーンの見直し」の必要性です。ようやく解禁されたオンライン診療も今後続けていく必要があります。さらに、子供たちの教育のためにＧＩＧＡスクールも強力に進めなければいけません。

そうしたなかで、行政のデジタル化の鍵を握っているのが、マイナンバーカードと言えるでしょう。役所に行かなくても、あらゆる手続きができる。そんな社会を実現するために必要不可欠なのです。しかし、これまでその普及が進んでいませんでした。

ですから、できることから前倒しで措置するとともに、複数の省庁に分かれている関連政策をとりまとめ、強力に進める体制として、「デジタル庁」を新設する考えです。

一方で、ポストコロナ時代においては、こうした新しい取り組みだけでなく、引き続き、環境対策、脱炭素化社会の実現、エネルギーの安定供給にも、しっかり取り組んでいきたいと考えています。

地方創生の切り札

前述のとおり秋田の農家で育った私の中には、一貫して「地方を大切にしたい」、「日本の全ての地方を元気にしたい」という気持ちが脈々と流れています。この原点を形にするために、知恵を絞り、政策を実現してきました。

実際に、第一次安倍政権で総務大臣に就任してからは、かねてから自分の中で温めてきた「ふるさと納税」を官僚の大反対を押し切って創り上げました。地方から都会に出てきた人たちの多くは、「生まれ育ったふるさとになんらかの貢献をしたい」、「ふるさと、との絆を持っていたい」、そう思っているに違いないと思ったからにほかなりません。今では、多くの国民のみなさまにご利用いただいており、あのとき信念を曲げなくてよかったと考えています。

また、地方の活性化を進める中で、官房長官として何よりもうれしかったのは、二十六年間下落し続けていた地方の地価が、昨年二十七年ぶりに上昇に転じたことです。

これは、地方創生の切り札である外国人観光客、いわゆるインバウンドが効果を上げたことが大きな要因です。第二次安倍内閣発足時には年間八百三十六万人だったところを、外国人観光客が地方に足を延ばす政策をとったことで、昨年は年間約三千二百万人まで拡大することができました。消費額も約一兆円から約五兆円まで拡大しています。また、農産品の輸出も四千五百億円から九千億円まで倍増したのです。

これからもインバウンドや農産品輸出の促進、さらには最低賃金の全国的な引き上げなど、地方を活性化するための取り組みを強化し、「がんばる地方」を応援するとともに、被災地の復興を支援していきたいと考えています。

待機児童数が最少に

少子化対策も我が国の長年の課題です。それを解消するために、幼稚園、保育園、大学・専門学校の無償化や、男性の国家公務員による最低一カ月の育休取得も進めてきました。これからも、若い人たちが将来も安心できる全世代型の社会保障制度を構築しなければなりませんし、そのための政策を実行していきます。

待機児童問題については、経済成長の果実を活かし、七十二万人分の保育の受け皿の整備を進めたことにより、昨年の待機児童数は、調査開始以来、最少の一万二千人となりました。今後も保育サービスを拡充し、この問題に終止符を打ちたいと考えています。

さらに、出産を希望する世帯を広く支援し、ハードルを少しでも下げていくために、不妊治療への保険適用を実現します。安心して子供を産み育てられる社会、女性が健康に活躍できる環境も整備していかなければなりません。

国益を守る外交・危機管理

外交・安全保障の分野に目を転じると、我が国を取り巻く環境は一層厳しくなるばかりです。この状況を乗り切るためには、機能する日米同盟を基軸とした政策を展開していかなければなりません。

国益を守り抜くために、「自由で開かれたインド太平洋」を戦略的に推進するとともに、中国、ロシアを含む近隣国との安定的な関係も構築していく必要があります。

また、「戦後外交の総決算」を目指し、特に拉致問題の解決に全力を傾けたいと考えています。この二年間は、拉致問題担当大臣も兼務し、この問題に取り組んできました。米国をはじめとする関係国と緊密に連携し、全ての拉致被害者の一日も早い帰国を実現すべく、引き続き、全力で取り組みます。

官房長官在任中は、危機管理の責任者として、あらゆる案件に対応してきました。弾道ミサイルなど安全保障上の脅威、自然災害、海外在留の日本国民へのテロの危険など、様々な緊急事態や危機に、迅速かつ的確に対処していかなければいけないと肌で実感しているところです。

憲法問題も避けては通れません。憲法改正は、自民党立党以来の党是です。私たち自民党は、既に四項目の「たたき台」を提示しています。引き続き憲法審査会において、各党がそれぞれの考え方を示した上で、与野党の枠を超えて、建設的な議論を行っていくべきと考えており、しっかり挑戦していきたいと思っています。

本書は、二〇一二年三月に刊行した拙著『政治家の覚悟　官僚を動かせ』（文藝春秋企画出版部）の第一章、第二章を再収録したものです。加えて、雑誌『文藝春秋』での官房長官時代のインタビューを再収録しています。

政治主導、行政の縦割り打破をはじめとして、私が政治家として取り組んできた「原点」がここに記されているといえます。

これまで述べてきた数々の課題も、当時と同様の覚悟をもって全力で取り組んでいくつもりです。

［編集部注］

再収録にあたっては、いずれも原文をそのまま掲載した。社会状況や各種データ・数字、団体の名称、人物の肩書き、表記方法などは初出時のもの。ただし、誤字脱字などは改めた。年代は西暦で統一した。タイトル、文中の小見出しは編集部が適宜改めている。

政治家の覚悟　目次

第二部　官房長官時代のインタビュー

第一部　官僚を動かせ

第一章　政治家が方向性を示す

両面性を持つ官僚の習性

政治家が政策の方向性を示し、官僚はそれに基づいて情報や具体的な処理案を提供して協力する。

政治家と官僚、すなわち政と官は本来そういう関係にあるべきです。

明治新政府が設立されて以降、官僚はそれぞれの組織のなかで情報を蓄積し、経験を重ねてきました。多くの先輩が積み重ねてきたものを踏襲する。悪いことではありませんが、それは前例主義となり変革を嫌う体質を形成することにもなります。貴重な情報を組織の中に貯めこんでしまう傾向も見られます。

また、与えられた職務に忠実であることが求められ、所属する組織とその体制への忠誠心が非常に強く、他の省庁に対しての対抗意識があるため、なかなか横の連携を取ろうとはしません。結果として省庁間の縦割りの弊害が生じます。

官僚は、まず法を根拠とし、これを盾に行動します。

一般国民からみると、理屈っぽくスピード感に欠けるでしょう。たしかに法律上は正しいかもしれませんが、国民感情からはかけ離れているとの印象をもたれてもしかたありません。加えて、その体質として外聞を気にする傾向があります。端的に現われるのが、マスコミの自分たちに対する評価です。マスコミがどう扱うか、いつも気にしていて過敏な反応を示します。

おそろしく保守的で融通のきかない官僚ですが、優秀で勉強家であり、海外の状況も含めて組織に蓄積された膨大な情報に精通しています。

官僚と十分な意思疎通をはかり、やる気を引き出し、組織の力を最大化して、国民の声を実現していくことが政治家に求められるのです。

責任は全て取るという強い意志

政治家が官僚とあい対峙した時、政治家の能力が問われます。

初当選して以来、師事していた梶山静六先生（故人）は、

「おれは官房長官の時に、バブル崩壊後の処理について、六千八百五十億円を投入した住専以外に不良債権はないかと官僚に聞いたら、この問題さえ解決してもらえれば他にありませんと答えた。それが、後から後から不良債権が百兆円も出てきた。信用したのが失敗だった。あのときに解決していればなあ」

と、自嘲気味によく話されていました。

「官僚は説明の天才であるから、政治家はすぐに丸め込まれる。お前には、おれが学者、経済人、マスコミを紹介してやる。その人たちの意見を聞いた上で、官僚の説明を聞き、自分で判断できるようにしろ」

と、常々言っておられたものです。

私はこの言葉を胸に刻み、判断力を身につけるよう心掛けてきました。

政治家の身分は選挙によって国民から委ねられていますが、官僚は身分を保障されています。政治家は政策決定に際して、官僚から過去の経緯や蓄積された知見、現状について説明を受けます。そのときに気をつけなければならないのは、自身の信念と国民の声をいかに反映させるかということです。

官僚はしばしば説明の中に自分たちの希望を忍び込ませるため、政治家は政策の方向性が正しいかどうかを見抜く力が必要です。

官僚は本能的に政治家を注意深く観察し、信頼できるかどうか観ています。政治家が自ら指示したことについて責任回避するようでは、官僚はやる気を失くし、機能しなくなります。

責任は政治家が全て負うという姿勢を強く示すことが重要なのです。それによって官僚からの信頼を得て、仕事を前に進めることができるのです。

第二章　自らの思いを政策に

地方分権改革推進法の成立

安倍内閣が発足して私は総務大臣に就任しますが、なによりも優先して手掛けたい法案がありました。それは地方分権改革推進法です。

私が横浜市会議員から国政へ打って出ようと決心したのも、

「地方分権を進めて、市町村が独自に政策を決定し、実行できるようにしなければ、市民のさまざまなニーズに応えることはできない」

という、国の壁に当たった経験からくる強い思いからでした。

当時、横浜市は人口が急増、待機児童の数が増え続け、保育所の設置が大きな課題となっていました。しかし、国の補助基準は全国一律で、土地の値段が坪百万円もする横浜市も、五万円もしない私の生まれ育った秋田県の田舎も同じでした。施設についてもありとあらゆることが国によって細かく定められていました。必然的に、横浜市のような地価の高い都市では、広い面積を確保することは難しく、国の基準を満たせないために補助金を受けられず、保育所が思うように増やせませんでした。

横浜市ではやむをえず「横浜保育室」という独自の制度をつくり、六十億円もの市費を投入して五千人の児童を預かっていますが、財政にはおのずと限界があります。

こういった身近な課題は、全国画一的に決めるのではなく、地方自治体に任せるべきです。地域がそれぞれの魅力を活かし、特徴にあわせて街づくりをするためには、権限とともに税源と財源を移譲する、地方分権を進めなければなりません。

私は大臣に就任するとすぐに、地方分権改革推進法案をこの臨時国会に提出することを決意し、官僚に話したところ、

「臨時国会は小泉政権からの継続法案だけで、官邸は新規法案を提出しない方針です」

という説明で、最初から明らかに諦めムードでした。官僚にしてみればそもそも時間がないので、

「できるわけない」

と、決めてかかっていたようです。私は組閣の翌日、総理に直談判しました。

「総理も常々おっしゃっているように、『地方の活力なくして国の活力なし』です。地方が元気になる政策は日本国民全体の願いではないでしょうか。安倍内閣としても、地方分権を全力で進めるという強いメッセージを国民へ示す意味でも、今国会に提出させてください。法案は必ず成立させます。総論ですから野党も絶対に反対できません」

と説明したところ、総理もすぐに理解を示され、ゴーサインをいただきました。

スケジュールは非常にタイトでした。しかし、総理から同意を得た以上、なんとしても法案を成立させなくてはなりません。ここにいたって、官僚たちも重い腰をあげ、準備をはじめてくれたのです。

安倍総理に直談判してから一カ月後に、地方分権改革推進法は、閣議決定され、会期内に無事成立しました。これを受けて、地方分権担当大臣が新設され、私が兼任することになりました。

私にとっては、長年の思いの実現に向けて、大きな一歩となった法律です。

「ふるさと納税」制度の創設

私は総務大臣として、ＮＨＫの国際放送の準備や地方分権を推進するために、各々の方面で先進国と言われている、イギリス、フランス、ドイツを歴訪しました。

その際、パリ市内で同行中の記者団と懇談し、「ふるさと納税」制度を創設する意向を発表しました。

これはその場の思いつきではありません。横浜市会議員の頃から長い間温めてきた構想でしたし、国会に議席を得てからも、官僚やマスコミと税について議論をする際に話題にしていました。

子どもは生まれてから高校を卒業するまで、福祉や教育など、地方自治体から多くの行政サービスを受けています。それから先、多くの人が都会で就職し、納税します。地方が人材に投資した恩恵は、大部分が都市部の自治体が受けているという面があります。総務省の試算では、子どもが誕生してから高校を卒業するまでに地方自治体が負担する公費は約千六百万円にも上ります。

私自身、秋田県に生まれて高校まで育ち、働き始めてから税金を納めるのは東京であり、横浜でした。

「自分を育ててくれ、親が生活しているふるさとに、なんらかの形で恩返ししたいと思っている地方出身者はたくさんいるはず。日本全国をふるさとという絆で結びたい。それを実現する方法はないものか」

と思い続けてきました。

個人住民税の一部を居住地以外の「ふるさと」に納めるという構想もその一つでした。二〇〇七年度の個人住民税は総額十二兆円。その上限を一割とすると、最大で一兆二千億円が「ふるさと」へ納められる計算になります。財源に乏しく、どんどん衰退している地方にとって、活性化の手助けとなると考えていました。

官僚にこの構想をもちかけたところ、こぞって大反対でした。

「住民税は、居住している場所での行政サービスの対価です。そんなことをすれば受益者負担の原則に反しますし、税の根幹を揺るがすことにもなります」

住民税を払うことによって、住民は警察、消防、ごみ処理などの行政サービスを受けることができる――応益負担の原則、負担分任の原則とも呼ばれる――その「原則」を侵すというわけです。

「ふるさと、とはどこをさすのですか。生まれ育った場所の人もいれば、何回も転居している人もいる。両親の出身地の人もいる。何をもって『ふるさと』とするのですか」

まさに典型的な官僚の反応が返ってきたのです。検討の余地すらなし、という態度でした。何度も侃侃諤諤《かんかんがくがく》の議論を交わした末、私はこう言いました。

「現在の税制は、戦後間もない頃に導入された、シャウプ税制だろう。当時と今では平均寿命はどれぐらい違うんだ。二十歳も違うぞ。当時は今のように移動したか。新幹線も飛行場も整備されていなかったぞ。まして週休二日制なんかありえなかっただろう。みんなその日を生きるために働きづめではなかったのか。時代はどんどん変わり、ライフスタイルも予想もされないほどに変わっただろう。人生における受益と負担という考えもあっていいのではないか。シャウプ税制がそんなに大事なのか」

「とはいえ、受益者負担の原則が……」

「たとえば都会の住民が地方へ釣りに行ってごみを捨てたとする。その処理費用はだれが払うんだ。地方だろう」

「でも、ふるさとの定義ができない、法制上も難しい」

　官僚は「できない」理由ばかりを並べます。

「ふるさとを限定、固定化する必要はない。自分が生まれたところや、初めての赴任先、よく遊びに行くところや、思い出の場所など、その人にとってここがふるさとと、と思う地域ならばどこだっていい。納税する年度によって違っても構わない」

そして私は、
「ぜったいにやるぞ。どうしたらできるか、その方策を探るための研究会を立ち上げる」
と、決意を示し、協力を求めました。官僚というのは前例のない事柄を、初めはなんとかして思い留まらせようとしますが、面白いもので、それでもやらざるを得ないとなると、今度は一転して推進のための強力な味方になります。そこまでが勝負でした。法案の審議では大臣が答弁します。その際、大臣が立ち往生しないよう、法的な問題もクリアして、がっちりサポートしなければ、という使命感が官僚にはあるのです。

私は法制化に向けて、ふるさと納税研究会を立ち上げました。千葉商科大学学長の島田晴雄先生に座長をお願いし、地域振興に通じた有識者、地方自治体の長、税の専門家など十人で構成され、議論、検討が繰り返されたのです。

その間、住民税を分割する方式ではなく、寄附金税制にすることで、受益者負担の原則や課税権、租税の強制性などの課題がクリアされる、との可能性が示されました。

私は寄附金税制についても当初から並行して検討していたので、まったく異論はありませんでした。重要なのは、ふるさとに対して自分の意思で「納税」し、それを有効に使ってもらえる道が開けることなのです。

研究会は四カ月後に報告書をまとめ、発表しました。その内容は、寄附金控除の対象とする制度を創設するとともに、ふるさとに貢献または応援したいという納税者の思いを実現する観点から、個人住民税の地方自治体に対する寄附金税制を大幅に拡充し、所得税と合わせて一定限度まで全額を控除するというものでした。私の思い描いていたような結論が出されました。

「ふるさと納税」は「地方税法等の一部を改正する法律案」として国会に提出され、二〇〇八年四月三十日に成立します。こうして、「ふるさと納税」が誕生しました。

二〇一〇年四月、宮崎県では口蹄疫による被害が発生しました。この災禍に対して、全国から寄附金や義援金が寄せられたのですが、ここで大いに活用されたのが、ふるさと納税でした。

宮崎県に寄付されたふるさと納税は、総額一億五千六百二十五万二千六百十円にのぼります。

東日本大震災でも復興に役立ててほしいと、日本全国からふるさと納税制度を活用して支援が寄せられています。

被災した岩手、宮城、福島の三県には、四千億円を超える「ふるさと納税」がされています。

岩手県では、震災で両親を失った大学・大学院生以下の「震災孤児」のために特別基金を設立する方針を固め、その基金に「ふるさと納税」制度を活用することにしています。

「ぜひ、孤児のために使ってください」

と、使用目的を限定して「ふるさと納税」する人も数多くいるそうです。

全国から寄せられた「ふるさと」への思いを活かすのは地方自治体です。震災孤児の育英資金や奨学金制度などに活用するのは、すばらしいことです。このように目的意識をもって有効活用されているのをみると、ふるさと納税制度をつくって本当によかったと思います。

頑張る地方応援プログラム

地方には必ず、それぞれの特徴や魅力があります。それを活かした地域づくりをして、活力のある地方を創れるようにしたい。

頑張る地方を国としてもしっかり応援したい。そこで「頑張る地方応援プログラム」を具体化し、実行するための「頑張る地方応援室」を総務省内に設置しました。その背景には交付税制度上の矛盾がありました。

たとえば、同じ規模のA市とB市があったとします。A市のほうは企業誘致や地場産業の育成などに努力した結果、税収が増え、B市のほうは特段の努力もせず、税収は減っている。A市は税収が増えたために地方交付税が減り、B市は財政状況が悪くなり地方交付税は多くなる。このような仕組みでは、自治体に「頑張ろう」という気力はなかなか生まれません。

交付税は、財政力指数の低い地方に欠かせず、断つことはできません。とはいえ、頑張ったところとそうでないところとでは、もっと差をつけてもいいのではないかと、かねてから考えていました。

私は積極的に地方の魅力づくりに造詣の深い有識者の方々や頑張っている市町村の首長を招いて、ご意見をうかがい、参考にしていました。

そして私をはじめとして副大臣、政務官が地方に出向き、市町村長と直接意見交換する「頑張る地方応援懇談会」を開始しました。このような取組みは総務省としては初めてでした。

この地方懇談会では、全市町村の約四分の一にあたる四百五十二人の市町村長、市町村議会議長と意見交換することができました。私自身は、徳島県、岩手県、北海道、福岡県、兵庫県、秋田県の各地方懇談会に出席し、それぞれの首長がかける活性化への取組みや奮闘ぶり、地域の抱える悩みなどを肌で感じ取ることができました。

私が視察した徳島県の上勝町《かみかつちょう》では、高齢者の方々が、パソコンの受注システムを活用し、料理に添える「つまもの」を出荷していました。「つまもの」とは、もみじ、南天の葉、桃の花など、高級和風料理などに添えてある季節の彩りです。

上勝町は、四国山地の奥深くにあって、総面積の約九〇％が山林、人口約二千人で、高齢者比率四七％と典型的な中山間地域です。ところが、自然豊かな環境だけに、裏山へ行けばきれいな「つまもの」が生えていて、それは八十歳のおばあちゃんでも簡単に採れるし、たくさん採っても重くない。

訪問した当時、この「つまもの」生産に従事していたのは、男性三十四人、女性百五十七人でした。扱う「つまもの」はざっと三百四十種類で、年間販売総額は二億円を超え、年収五百万円以上のおばあちゃんもいらっしゃいました。

上勝町の地域産業おこしは地元に利益を生んだだけではありません。高齢者の生きがいとなり健康にもよい影響を与え、医療費の負担が大幅に減ったそうです。また、子どもたちがUターンで帰ってくるという喜びの声も聞きました。

兵庫県では豊岡市を視察しました。ここでは絶滅したコウノトリをもう一度甦らせようと、プロジェクトを展開しています。

かつて日本各地に生息していたコウノトリですが、一九五六年、特別天然記念物に指定されたときには豊岡市以外では確認できず、一九六五年には野生種の雌雄一組を捕獲、豊岡市にある「コウノトリ飼育場」で人工飼育し、繁殖させようとしたのですが、ついに一九七一年、日本の野生種は消滅してしまいました。

その後、一九八五年、当時のソ連から六羽のコウノトリが豊岡市に寄贈され、繁殖に成功、個体数を徐々に増やすとともに、「コウノトリ悠然と舞うふるさと」を合言葉に行政・市民一体となって環境整備に取り組んだのです。

二〇〇五年には飼育したコウノトリを放鳥できるまで環境が整い、いまや、飼育しているコウノトリは百羽、野外にいるものは四十七羽と、豊岡市のコウノトリ戦略は順調に進展しています。

さらに豊岡市では、アイガモ稲作などによって収穫された無農薬のお米や大豆などの農産品には、認定証である「コウノトリの舞」シールを貼って支援、推奨をおこなうなど、

「コウノトリ」をブランド化。お米だけではなく、お酒、おかきとアイテムは増え、大豆も醤油、納豆、豆腐と「コウノトリブランド」を展開しています。旅行会社が参加して「コウノトリツーリズム」を展開するなど、観光資源としても活用されています。

こうした「頑張る地方」を視察して気づいたのは、成功している市町村はいずれも地域の魅力をしっかりと見極め育てていること、そしてそれをマネジメントする人材がいることです。

懇談会を通じて現場の生の声を聞くことができ、本当によかったと思います。これまでの役所の発想とは違う「頑張る地方応援プログラム」でしたが、官僚もみんな前向きに頑張ってくれました。

このプロジェクトには、二〇〇七年度、千七百八十八団体から合計六千百九十九件の応募がありました。二〇〇八年度は千八百二十七団体から六千四百三十六件の応募となっています。

若手官僚を市町村へ派遣

「頑張る地方応援プログラム」では財政支援だけでなく、若い官僚を市町村へ派遣するという新しい試みも始めました。

従来、総務省の若手官僚は道府県庁に派遣されるのが慣例でしたが、地方の現場を知らなければ自治や分権は語れないと考えてのことです。

「総務省からキャリア官僚が来ると、『中央省庁から便宜を図ってもらえる』というのではなく、『街づくりがよくなった』と言われるようにしよう」

と、若手官僚たちを諭したものです。

まず、佐渡市（新潟県）、木島平村（長野県）、奥出雲町（島根県）、大子町（茨城県）など十市町村が選ばれました。私は市町村への派遣を開始するときの壮行会に出席し、送り出しました。

木島平村へ副村長として赴任した職員は、

「きのこやヤーコンなど村の特産品をブランドとして都会へ発信したい。有機農法と通年型観光を育てて村の活性化を図ります」

と、意欲満々でしたし、大子町へ副町長として派遣された職員は、

「袋田の滝ツアーを誘致し、アユ、奥久慈シャモ、お茶など町の特産品をピーアールするのが私の仕事」

と、これも張り切って取り組んでくれました。総務省へ復帰したときには、

「地方自治の原点を肌で感じた。大子町で学んだ現場感覚を活かしたい」

と、抱負を語っていました。それ以来、総務省では毎年十人を市町村へ派遣しています。

地方の衰退がさけばれる今日ですが、何としても地方分権を進め、地方がその魅力を活かして街づくりを進め、活力を取り戻してほしい。その思いで一杯です。

税収を東京から地方へ

東京のような大都市と地方とでは、税収に大きな差があります。そのため、都市と地方の間で行政サービスに格差が生じていました。たとえば医療費を見ると、地方では小学校入学前まで無料という自治体が多いのに対し、東京では大半が中学卒業まで無料です。成人式では、地方の大部分の市町村では公民館を利用して、手作りのささやかな式をあげているのに対し、東京都ではホテルの広間を借りきって盛大に催しているところもあります。東京の自治体がこうした政策に重点的に予算配分したわけではなく、この違いは圧倒的に財政事情の差から生じていました。これほどの税収格差は是正しなければならないと考えました。

私が着目していたのが、法人事業税と法人住民税の法人二税でした。二〇〇七年度における東京都（二十三区分を除く）の法人二税は、一兆七千八百九十八億円。それは二〇〇三年度の一兆七百二十五億円と比べると七千百七十三億円の増収となっていて、それだけ景気が良くなっていることを物語っています。

一方、財政力指数下位にある島根県、高知県、鳥取県、長崎県、秋田県、宮崎県、沖縄県、和歌山県の八県の合計は、二〇〇三年度が一千五百四十億円で、二〇〇七年度が二千二億円。増収は合算して四百六十二億円と、東京都のわずか六％に相当するくらいしかありません。

東京都に法人二税が集中する背景には、本社を東京に置く企業の存在があります。それは都政関係者の努力やアイデア以上に、「地の利」という要素が大きいのです。税収が多い分、東京都の住民は、医療費や教育費、福利厚生面で恩恵にあずかっているわけです。

私は官僚に、

「東京の税収を地方に移す方法はないか」

と、乱暴に聞いてみました。

「大臣、それは無理です」

そもそも官僚には地方税を地方間で移動するという発想はなかったのです。

「東京の法人二税を地方に分配する方法を考えるように」

と、指示しました。大臣就任から半年以上経つこの時期には官僚との意思疎通もうまくいっていましたので、彼らも懸命に調べ、方策を練ってくれました。ほどなく、

「いったん国税として徴収した上で、地方へ譲与税として分配するという方法なら可能だと思います」

というプランを持ってきました。こういう知恵ならば彼らはいくらでも出せるのです。手本にしたのは地方分権の先進国のドイツで行われていた、税の水平移動でした。日本における税金の再分配は地方と国の間を垂直に移動するものですが、それを実質的に地方から地方へと水平移動させるための方策です。棒グラフにたとえるならば、高いところと低いところをならして水平にする、ということでしょうか。この水平税源調整により地方間の税の偏在を小さくする効果が期待できます。

さっそく試算したところ、税収が減る自治体は、東京都三千二百六十八億円、愛知県四百三十三億円、大阪府二百二十二億円、静岡県五十一億円、栃木県二十九億円、三重県二十億円、滋賀県十億円でした。

税収が増える自治体は、北海道四百八十四億円、埼玉県三百十億円、千葉県百九十六億円、兵庫県百八十三億円、福岡県百八十二億円、鹿児島県百六十四億円、長崎県百五十四億円、熊本県百四十六億円、岩手県百三十億円、青森県百二十四億円など、四十道府県になります。

私は財務省とも交渉し、尾身財務大臣と連名で、経済財政諮問会議に地域間財政力の偏在を示す資料を提出し、水平税源調整について提案したのです。

税収の偏在について公式に総務大臣談話として発表した声明がありますので、それを引用します。

〈近年、景気回復によって偏在の大きい地方法人二税の税収が急速に回復していることなどを背景に、地域間の税収の差は拡がり、財政力の差が拡大する傾向にあります。たとえば、東京都の税収はここ最近四年間で一・四兆円増加しましたが、財政力の低い下位八県の税収の合計は、約一〇分の一の一千四百億円の伸びにとどまっています。（中略）

私は総務大臣就任以来、一貫して地方分権を推進する観点から、国と地方の歳出の比率、すなわち仕事量の比率が四対六であることを踏まえて、税源移譲を含む税源配分の見直しを行い、当面国と地方の税収比一対一を目指すこと、その際には、偏在の小さい地方消費税の充実や、法人課税の国・地方の配分見直しが課題となることを主張してきました。

　こうした課題に加え、私は、地方自治制度のあり方として、一部の地方団体に地方法人二税の税収が集中する地方税制上の構造的な問題を、どのように是正するかという観点が重要と考えています。（後略）〉

　私の提案は、「菅プラン」と呼ばれ、すでに新聞などマスコミで報じられていました。これに対して、減収が予想される大都市を抱える都府県の知事から猛反対がありましたが、彼らの立場を考えれば当然の反応で、私はまったく動じることはありませんでした。

　しかし丁寧に議論を重ねていくと、反対していた知事も理解を示し始めました。

　こうして、この水平税源調整は自民党の「平成二十年度税制改正大綱」に盛り込まれ、「平成二十年度税制改正の要綱」の中で閣議決定されます。

　具体的には、法人二税のうちの法人事業税から税収の半分程度に相当する約二兆六千億円を分離して国税化し、それを「地方法人特別税」とします。国はその税収のうち二分の一を人口で、残りの二分の一を従業員数で按分し、各都道府県に一般財源として配分。これを「地方法人特別譲与税」としたのです。

　私が示した地方間の税制格差の解消という目的を実現するために、官僚が制度を調べ知恵を出してくれたことで実現することができました。

ＩＣＴ分野での国際戦略

わが国では少子高齢化が進行し、人口減少が始まっています。国の活力を維持し、国民生活を豊かにするためには、経済の生産性を向上させることが不可欠です。

　これまで日本経済を牽引してきたのは自動車産業ですが、これと肩を並べるような産業を育てる必要性を強く意識していた私は、総務副大臣の頃からＩＣＴ（情報通信技術）産業に着目していました。

　一九九〇年代後半以降の米国の高い経済成長は、企業のＩＣＴ投資と比例しています。たとえば、一九九五年を一〇〇とした指数で比較すると、米国の実質ＧＤＰは二〇〇〇年までの五年間で二五・二ポイント伸び、二〇〇〇年～二〇〇四年で一一・七ポイント伸びています。同じくＩＣＴの投資額をみると、二〇〇〇年までが一七九・三ポイントもの伸び、二〇〇〇年～二〇〇四年が三一・六ポイントと、じつに積極的な投資をしていることがわかります。

　これに対して、日本のＧＤＰは一九九五年～二〇〇〇年が四・九ポイント、二〇〇〇年

〜二〇〇四年も同じ四・九ポイントの伸び、ＩＣＴ投資額は、それぞれ三七・〇、二四・五ポイントの伸びに留まり、あまり投資が進んでいません。

二〇〇五年の日本の実質ＧＤＰをみると、全体五百三十九兆円のうち、ＩＣＴ産業は六十七兆円で、一二％を占めています。この年度における実質ＧＤＰ成長率二・二％のうちＩＣＴ産業は〇・九％を占め、投資が進んでいないにもかかわらず、その寄与率は四割以上となっています。

このように、ＩＣＴ産業が経済成長に与える影響はとても大きいのです。

わが国では、モバイル化の進展や、世界最先端のブロードバンドネットワークなどのインフラ整備を進め、企業がＩＣＴを活用するための基盤は着々と構築されてきました。そこには、ＩＣＴを積極的に活用し、生産性を向上させることで、人口減少下でも高い経済成長を実現させようとの狙いがあったのです。

携帯電話や携帯情報端末などのＩＣＴ分野において、日本の技術は世界最高水準にあります。ところが、これを産業としてとらえた場合、国際競争力は極めて低いのです。

携帯電話の例をあげると、二〇〇五年度、日本のメーカー十社合計で世界シェア八・八％でした。これに対して、ノキア社（フィンランド）は三三・五％です。ちなみに、モトローラ社（米国）は一八・八％、韓国は、サムスン電子一二・九％とＬＧエレクトロニクス七・〇％で、合計すると一九・九％。日本の主要メーカーの売上高を全て合計しても、海外主要メーカー一社の売上高に及びませんでした。

国際競争で水をあけられた原因には、「ガラパゴス化」を生み出すほどの企業の国内市場偏重、研究開発や規格の標準化といった分野における国際戦略の欠如などが指摘されていました。

政府の支援も不十分でした。ノキア社のあるフィンランド政府は、自国の企業を育成、支援するだけでなく、国際競争力強化にも積極的に取り組んでいます。

ＩＣＴ産業がグローバル市場をリードする基幹産業となるためには、官民一体で取り組む必要があると考えていました。

総務大臣に就任するとすぐに、有識者からなる「ＩＣＴ国際競争力懇談会」を設置して、現状分析とあるべき基本的な戦略の方向性の検討を進めることにしたのです。懇談会は、座長を東京大学名誉教授の齊藤忠夫さんにお願いし、ほかにも大学教授やＩＣＴ関連メーカーの経営者、放送事業者、通信事業者など合計二十七人で構成されています。

懇談会の初会合で、分科会を「次世代ＩＰネットワーク」、「ワイヤレス」、「デジタル放送」、「新ビジネス・基本戦略」の四分野に設置しました。

　海外へ事業展開するうえで、私がまず念頭に置いたのはアジアでした。アジアの人口は世界の六割を占めます。その実質ＧＤＰの成長率は、世界平均と比べると、ＡＳＥＡＮで約一・六倍、中国で約三倍となっています。

　年間貿易流通額に注目してみると、アジアと欧州間では七千二百五十億ドル、アジアと北米間では七千八百二十億ドル、欧州と北米間では五千八百三十億ドルと、ほぼ均衡が取れています。ところが、インターネットの年間情報流通量を比較してみると、アジアと欧州間では二十四Ｇｂｐｓ*、アジアと北米間では三百七Ｇｂｐｓ、欧州と北米間では、六百六十九Ｇｂｐｓとなっています。欧州・北米間に比べて、アジア・北米間は二分の一、アジア・欧州間は三〇分の一でしかありません。貿易と同様、情報の流通量もいずれ均衡していくと考えられ、それに付随するアジアの成長や活力を取り入れることが重要な戦略となります。

　このようなことから、私はアジアを重視し、とりわけベトナム、インドネシア、インドは極めて重要な国だと考えていました。ベトナムの人口は八千万人、インドネシアが二億人、インドは十二億人です。日本の将来を考えるとき、こうした経済成長著しい国々とＩ

ＣＴ分野で連携と協力をしていかなくてはならないとの思いから、大臣就任後、最初の海外出張先に選びました。

最初の訪問国ベトナムでズン首相と会談し、ＩＣＴと放送分野での技術協力や資本参加をより一層推進することと、戦略的パートナーとして日越関係の重要性を確認しました。ター郵電大臣との会談では、第三世代携帯電話、次世代ネットワークについて日本技術を紹介するとともに、それらの導入支援等を目的とした官民ミッションの派遣に関し合意を得ました。ホップ文化情報大臣とは、両国間における放送番組交流の活発化について話し合いました。

インドネシアではユドヨノ大統領と会談、戦略的パートナーシップに基づく両国の協力関係を強化すること、ＩＣＴ分野における連携・協力の重要性を確認しました。また、ソフヤン通信大臣と会談し、第三世代携帯電話への移行を支援するための官民ミッション派遣、次世代ＩＰネットワーク導入促進のためのシンポジウム開催、携帯向けワンセ

＊Ｇｂｐｓ　ギガビーピーエスもしくはギガビットパーセコンド。一秒間に送ることができる情報量を表す。一Ｇｂｐｓは、十億ｂｐｓ。

グ放送に関する専門家の派遣などで合意し、共同声明に署名しました。

インドではダスムンシー情報放送大臣と会い、放送番組制作における人材育成への協力、両国の相互理解を深めるための番組交流を進めること、そのためのワーキンググループを設置することに合意しました。マラン通信大臣との会談で、第三世代携帯電話、次世代IPネットワーク等の分野で日印ICTフォーラムを通じた協力を一層強化していくことを確認しました。その当時、日本の新規携帯電話契約数の伸びは、年間五百五十四万件、月間四十六万件でしたが、インドではなんと月間七百万件で、わずか一カ月で日本の年間契約数の伸びをはるかに上回っていました。総人口十二億のパワーを実感したものです。

この三カ国はいずれも携帯電話は第二世代でした。そこで、第三世代携帯電話における日本の協力のあり方を提示し、信頼関係を築くことができたと思っています。

私はこの海外出張で、わが国のICT関連企業が海外展開するときには、政府がしっかり支えなくてはならないと再認識させられました。そして、帰国するとすぐに「ICT国際展開対策本部」を総務省内に設置しました。私自ら本部長に就任し、本部長代理が副大臣と大臣政務官、副本部長に国際担当の総務審議官がそれぞれ就任することとし、総務省内の推進体制を整えました。

先に設置していた有識者による「ＩＣＴ国際競争力懇談会」の最終取りまとめで提言されていた基本的な戦略の方向性を踏まえて、「ＩＣＴ国際競争力強化プログラム」が策定されました。このプログラムは、三つの柱から成り立っています。

目標1　今後二年間を「ＩＣＴ国際競争力強化年間」と位置づけ、二〇一一年までに国際競争力強化を実現。

目標2　ＩＣＴ産業が、自動車産業等とも並ぶ基幹産業、グローバルな視点からも「強い」産業に。

目標3　我が国の情報通信ＧＤＰを倍増。

個別プログラムには、研究開発、標準化、知的財産、人材育成、ソフトパワー、ブランド向上、国際展開支援の七部門が策定されました。

そしてこのプログラムを産学官が連携して実行するために、それぞれの代表が参加する「ＩＣＴ国際競争力会議」が設置されました。この会議は継続的に国際競争力を強化する中核的機能を担い、七部門あるＩＣＴ国際競争力強化プログラムのフォローアップがなされることになったのです。

こうして、ＩＣＴ産業の国際展開が始まりました。

余談になりますが、私は政府内での「ＩＴ」と「ＩＣＴ」の使い分けに違和感を覚えていました。これは省庁の縦割りからくるもので、経済産業省がアメリカ由来のＩＴを用い、総務省がヨーロッパ由来のＩＣＴを用いています。私は統一しようと働きかけましたがかなわず、今日でもＩＴとＩＣＴが並存しています。

南米にデジタル放送日本方式の売り込み

私は、デジタル放送日本方式の売り込みを最大の目的として、南米のブラジル、チリ、アルゼンチンを歴訪しました。この三カ国の人口を合計すると約三億人になる上に、ＩＣＴ産業の市場としてはまだ手つかずの状態で、非常に魅力のある国々だったのです。

地上デジタルの放送方式には、日本方式の他に、欧州方式、米国方式と大きく分けて三種類あります。このうち、もっとも多く採用されているのは、欧州方式で、英国から始まってスウェーデン、ドイツ、オランダ、フランス、サウジアラビア、インド、豪州と、世界三十カ国以上が採用しています。米国方式は、カナダ、メキシコのほか韓国などが採用しています。

地上デジタル放送いわゆる地デジの放送方式は、国際電気通信連合（ＩＴＵ）に承認されなければ国際標準として使用されません。日本はその承認に後れを取ってしまったので、海外進出も出遅れていました。

竹中平蔵総務大臣の時、南米ではまだ地デジ放送が始まっていませんでしたが、歴史的にも深いかかわりのある欧州方式の採用が先行していました。それをブラジルと交渉して日本方式の売り込みに成功しました。その時、私も副大臣としてサポートしました。

ブラジルでは、そうしたいきさつを踏まえ、コスタ通信大臣との会談で、地デジの日本方式を南米に広めるべく、日本とブラジルで協力して南米諸国へ働きかけていくことで合意し、ブラジルにおける地デジ放送実施に向けた技術協力、人材育成等を引き続き実施することを約束しました。

ルセフ文官長（現大統領）との会談でも、ブラジルの地デジ日本方式採用が成功であったことと、両国で今後も協力していくことを確認しました。その際、日本の特許権にはこだわらず、「日本ブラジル方式」として、ブラジルに特許料の一部を免除する特典を付与しました。重要なのは、日本方式を南米で標準化することで、それが拡大すればＩＣＴビジネスを展開する上で優位に立つことができると考えたからです。この後、この「日本ブラジル方式」が、南米中に日本方式を広める大きな推進力となります。

チリでは、日本方式の地デジ放送を試験的に実施していると聞いていましたので、コルタサル運輸通信大臣との交渉を前に、

「とにかく現物を見せよう。それが手っとり早いから」

と、指示しました。同行した関係者が携帯電話を準備し、コルタサル大臣以下チリ政府関係者に配りました。

ワンセグ放送を観てもらったのです。

「これはすばらしい」

全員が興奮し、大喜びでした。私は、

「日本方式では、ワンセグ携帯でどこでもテレビを観られますし、車で移動中でも観られます。しかし、ヨーロッパやアメリカの方式だとワンセグ放送がありませんから、観られませんよ」

と、日本方式の特性を説明しました。

日本方式は、ＮＨＫ、民放、メーカーと産業界が一体となって開発したものです。同一

の周波数帯でテレビを受信して視聴できるし、携帯端末やカーナビなどでワンセグ放送を受信、視聴もできます。さらにノイズに強い方式で、山がちな地域やビルの立ち並ぶ都会でも、干渉を受けずにきれいな画像・音声を視聴できます。

「山岳地帯でも電波が入りやすいし、携帯電話で皆さんの大好きなサッカーも観ることができるんですよ」

必死のセールス・トークにチリ政府関係者は大きな関心を示してくれました。百聞は一見に如かず。とにかく現物を見せると、みんな納得します。そのためには試験放送を実施し、観てもらうことです。

アルゼンチンではフェルナンデス首相と会談しました。隣国チリでの放送に設備を移動したために、試験放送の受信が中断していました。私は、

「アルゼンチンと日本は、修好百十周年を機にさらなる修好関係が進展することを期待しています。両国間の経済活動のさらなる活発化に、日本のＩＣＴ産業は重要な役割を果たすことができます。地デジの日本方式を採用していただきたい。地デジの試験放送を再開しますので、ぜひ一度ご覧になってください」

と、告げたところ、フェルナンデス首相は、

「異存ありません。私が率先して日本方式のプレゼンテーションに参加したいと思います」

と、快諾されたのでした。

こうして、南米三カ国から地デジ日本方式の採用にはずみをつけ、帰国したのです。

私は帰国してからすぐ、海外交渉が十分できるように、予算を三千万円から七千五百万円に引き上げました。省庁には海外出張の予算に制限が設けてありますが、南米のＩＣＴ普及に関しては特例として制限を設けず、何回でも担当者が出張できるようにしました。

また、交渉相手国の関係者に試験放送を観てもらうように、試験放送のための資機材を充実させることや、携帯端末を配ることを指示しました。同時に、企業には、送信機やチューナー、携帯端末など機材の提供、放送事業者には、技術者派遣や研修受け入れなどの協力を取りつけ、官民が協力する態勢を整えたのです。

また、交渉の大きな障害となっていたのが、日本のチューナーが他の方式に比べて高いということでした。私は地上デジタル放送に全面移行するときに、生活保護世帯など約三百万世帯に配ることも念頭にありましたので、当時約二万円だった価格を大量生産することで五千円以下にすることをメーカーに求めました。現在では四千円くらいになり、日本方式を海外展開するのに有効な価格になっています。

私が大臣を退任した後も南米攻略は続行しました。

二〇〇八年十一月、ペルーでＡＰＥＣ（アジア太平洋経済協力）首脳会議が開催され、麻生総理とペルーのガルシア大統領との首脳会談が持たれました。その際に、総理から地デジの日本方式を売り込んでいただきました。

さらに三カ月後、ペルー大統領が日本を訪問し、麻生総理と会談することが決まります。ペルーは日本と経済連携協定（ＥＰＡ）を結びたい意向が強かったのですが、外務省は、世界全体のバランスからペルーとのＥＰＡ交渉は時期尚早として、会談には乗せそうにない、という情報が事前に総務省から入っていました。

私は麻生総理にお願いしました。

「ＥＰＡに前向きな姿勢を示してください。総合的に見て、資源のある南米は大切です。地デジの日本方式採用にもつながります」

実際にその通り進み、日本に対し好感を得た大統領は日本方式導入を決定しました。

アルゼンチンでは、私が約束した試験放送の再開が好評でした。大統領、関係大臣に約百台の携帯電話端末を配布し、実際に使ってもらったことで、日本方式に対する高い評価が得られました。また、当時のアルゼンチンは財政破綻から回復しつつある段階でしたので、財政的な支援を強く希望していました。日本も債務放棄をした経緯があったために財務省などの官僚は否定的でしたが、私はこれを説得し、民間金融機関による支援の活用など、官民連携してこの希望に極力応えることとなりました。こうしたことが功を奏して日本方式の採用が決まりました。

またベネズエラは、チャベス大統領が来日し、麻生総理と会談しました。その際、総務省から総理官邸に大統領は野球好きとの情報を伝え、ワールドベースボールクラシックで優勝した「サムライＪＡＰＡＮ」の使用したバットやグローブをプレゼントした上で、地デジ日本方式採用をお願いしてもらいました。南米の国家は首脳の権限が非常に強く、大統領へのトップセールスが決め手となります。半年後、ベネズエラも日本方式を採用する決定をしました。

このようにして、南米では、ブラジル、ペルー、アルゼンチン、チリ、ベネズエラ、エクアドル、コスタリカ、パラグアイ、ボリビア、ウルグアイ（欧州方式を変更）など、コロンビアを除く全ての国が日本方式を採用しました。ほかに、アジアではフィリピンとモルジブが日本方式の採用を決定しています。

南米では、韓国のサムスン電子とＬＧエレクトロニクスが大規模な販売促進を展開していたのに対し、日本メーカーは立ち遅れていました。それがここにきてようやく進出が加速しています。東芝がブラジルに送信機を納入し、端末の販売にも力を注ぎ、シャープがブラジルに携帯電話とテレビの事業拠点を新設、日立製作所の関連会社がブラジルの大手放送用送信機メーカーを買収しました。

歴史的にも関係の深いヨーロッパやアメリカの方式を向こうに回して、日本方式を広めることができたのは、ブラジルを味方に引き入れ、協力して交渉に当たったことが大きかったと思います。そして、寺崎明総務審議官を中心とする総務省チームが民間を巻き込みきめ細かに情報を収集し、外務省をはじめとする他の省庁や官邸と連携を密にできたことも大きな要因です。

せっかく開拓した市場です。アジアとともに発展が期待され、可処分所得も高い南米で、地デジだけでなく、さまざまな事業展開につながるよう国を挙げて取り組み、さらに、この成功例を他の地域の国々にも広げていくべきだと考えます。

第三章　決断し、責任を取る政治

朝鮮総連の固定資産税減免措置を見直し

国民の生命と財産を守る。それは政府の大事な使命です。

ふつうに生活している日本国民を、秘かに侵入してきた工作員が拉致する。主権侵害もはなはだしい違法行為です。国家として毅然たる態度で接しなくてはならない。

自民党の北朝鮮拉致問題特別委員会に参加して、私はこの問題と取り組んできたのですが、日本国内の各地に点在する、在日本朝鮮人総連合会（朝鮮総連）に行っている固定資産税の減免措置をやめさせなくてはならないと感じていました。

朝鮮総連は拉致問題とも密接に関係していることが明らかになっていました。その朝鮮総連に対して、多くの地方自治体は固定資産税の減免措置をおこなっていたのです。もちろん、大部分の在日朝鮮人の方々は拉致問題と何の関わりもないことを付言しておきます。

固定資産税は地方税で、総務省が所管しています。

自民党の会合では、総務省に対して、わが国に朝鮮総連の施設はいくつあり、どこの市町村が固定資産税の減免措置を行っているのか、実態を示す資料を提出するよう求めました。ところが官僚は、

「地方税であり、地方自治体には守秘義務がありますから、難しい」

と、出そうとしない。会合は紛糾、官僚と大激論をして、ようやく資料が出てくるような始末でした。

私が第三次小泉内閣において総務副大臣に就任した際には、懸案の朝鮮総連に対する固定資産税減免措置を見直す絶好の機会と考えていました。拉致問題で行動をともにしてきた安倍官房長官からもお墨付きをもらっていました。

私はすぐに地方自治体への通知の作成に着手します。

特に、朝鮮総連関連施設に対する固定資産税の減免措置については公益性に問題があり、それを改めるために、厳しい文言にして通知を出すよう官僚に指示したところ、

「朝鮮総連関連施設と名指しして、狙い撃ちすることはできません」

「地方税は地方が決めるもので、一方的に命令はできません」

などと難色を示し、

「こういう文言でいかがでしょうか」

玉虫色の文章にしようとする。

「ダメだ。朝鮮総連の公益性には著しく問題があるのだから、税の公平、平等を保つためにも減免措置は見直さなくてはいけない」

それでも官僚は「朝鮮総連」の文言を入れようとせず、渋り続けました。

「対話と圧力は政府の方針だ。問題になったら、私が責任をとる。副大臣通知としてでも出す」

「そんな通知はありません。都道府県知事に出せるのは次官通知か課長通知だけです」

何度も押し問答を繰り返したあげく、

「出さなきゃ、勝手に出す」

とまで啖呵をきって固有名詞を入れることで押し切りました。

ちょうど時期を同じくして、朝鮮総連施設に対する固定資産税などの減免が認められるか否かが争われた訴訟の控訴審で、福岡高裁は、熊本市の減免措置を適法とした熊本地裁判決の判断を覆し、減免措置を取り消す逆転判決を言い渡していました。これも追い風となりました。

そして自治体宛に次官通知が発出されたのでした。その特記事項は、

「最近の裁判事例において、朝鮮総連関連施設に関する福岡高裁判決（二〇〇六年二月二日）などのように、減免対象資産の使用実態やその公益性判断が問題とされたものがあったことも踏まえ、減免対象資産の使用実態を的確に把握した上で、公益性の有無等条例で定める要件に該当するかを厳正に判断すること」

となり、朝鮮総連を名指しした文言となりました。

一方で、自治体が朝鮮総連施設の固定資産税を減免している実態に関する報告はなかなか上がってきませんでした。その間にも北朝鮮は日本海に向けてミサイルを発射するなど、わが国民の生命と財産を脅かしていました。

安倍内閣が組閣され、私が総務大臣に任命されると、副大臣のときとは官僚の接する態度がまるで違っていました。朝鮮総連の固定資産税減免措置実態調査の数字も、こちらから質問する前にすぐ説明に来て資料が示されました。それによると、

二〇〇五年度　全て減免六十三、一部減免三十五、減免なし三十二、回答なし九。

二〇〇六年度　全て減免四十三、一部減免四十九、減免なし三十八、回答なし三。

この時点では、まだ九十二団体、全体の六九％もの団体が減免措置の対象となっていました。それが私の大臣在任中に激減します。

二〇〇七年度　全て減免二十八、一部減免四十七、減免なし五十二、検討中六、回答なしゼロ。

二〇一〇年度には、全て減免措置の対象となる朝鮮総連の施設がついにゼロとなりました。

都道府県知事宛の事務次官通知も、こちらから指示を出す前に、「このような文章でいかがでしょう」と、私の考えに沿った文言を積極的に示してきました。

大臣になると官僚の対応はこんなにも違うのかと痛切に感じたものです。

拉致被害者救出のための新しい電波の獲得

安倍内閣が発足して三日後、拉致問題対策本部の設置が閣議決定されました。

拉致問題対策本部では、総理大臣が本部長、すべての国務大臣が本部員となり、拉致問題に関する総合的な対策を推進する運びとなったのです。

ジェンキンスさんは、北朝鮮にいたとき、ラジオの放送で小泉総理の訪朝や、日本政府の取り組みや救う会の活動を知り、もしかしたら帰国できるかもしれないと、妻のひとみさんと話し、希望を持って生きていこうと思ったそうです。以前から拉致問題に取り組んでいる中で、このことが強く印象に残っていました。

北朝鮮は報道への管制がとても厳しく、テレビチャンネルはハンダ付けされていて、それを動かそうと手を加えただけでも罪に問われるそうです。ラジオを隠し持っている人が多くいるということでしたが、妨害電波を出しているため、なかなか放送を聞きとれない状況のようでした。

拉致された可能性のある人たちの救出活動をしている特定失踪者問題調査会では、独自に短波放送をする「しおかぜ」を通じて、北朝鮮に向けてメッセージを流していました。国際放送をする周波数は、国際電気通信連合（ＩＴＵ）から割り当てを受ける必要がありますが、当時の日本には、残念なことに「しおかぜ」から放送するための電波がありませんでした。そのため、「しおかぜ」は英国のVTコミュニケーションズに委託して、香港や東南アジアから北朝鮮に向けて発信していました。それも妨害電波のために、なかなか北朝鮮で受信することは難しかったようです。

私は国家として、日本の拉致問題を外国の放送会社に頼っている実態を恥ずかしく思い、また被害者の皆さんに申し訳ない気持ちでいっぱいでした。私の思いを官僚に伝えたところ、

「できるかわかりませんが、可能性はあると思います」

ということでした。

早速、国際ルールに基づいて、国際放送ができる周波数を確保するよう指示しました。官僚は水面下での交渉も含め、意を汲んで懸命に努力してくれました。結果として、アジア放送連合（ABU）周波数調整会議で周波数調整をおこない、日本への周波数の割り当てを実現し、ITUへの周波数登録手続きを済ませ、「しおかぜ」へ無線局免許を交付することができました。

こうして二〇〇七年三月、初めて日本国内（八俣送信所）から「しおかぜ」が、堂々と

北朝鮮に向けて拉致被害者救出のための放送ができるようになったのです。

拉致問題でＮＨＫに命令放送

日本から「しおかぜ」の放送をする方策に着手すると同時に、私はＮＨＫの短波の国際放送から北朝鮮に向けて拉致問題を特に放送するように、総務大臣としてＮＨＫに命令することを考えていました。放送法は、

〈総務大臣は、協会に対し、放送区域、放送事項その他必要な事項を指定して国際放送を行うべきことを命（一部省略）ずることができる〉

と規定していました。

官僚に命令放送を指示する旨の話をしたところ、

「命令放送を持ち出しますと、マスコミは報道の自由への介入だとか、編集権の侵害だとか言って反発し、大騒ぎになります。命令放送はお止めになったほうがよろしいのでは」

との答えが返ってきました。官僚は極端にマスコミの反応を気にするものです。マスコミを刺激して反発をよび、世論が形成されていくのを怖れるのです。

「日本は法治国家だ。放送法には総務大臣がＮＨＫの国際放送に命令できると書いてある。

法律に基づいてやろうとしているんだ。国民の生命と財産を守るのは政府の使命。拉致は、日本への主権侵害もはなはだしい行為だから、どんなにマスコミが非難しようとも国民にはわかってもらえる。協力してほしい」
と官僚に告げて、ＮＨＫへの命令放送を記者会見で表明しました。

官僚が指摘した通り、マスコミは報道への介入だとこぞって猛反発キャンペーンを組みました。

一方、官邸での拉致問題対策本部では、

「拉致問題は、わが国の国家主権と国民の生命・安全にかかわる重大な問題であるとの認識のもとで、政府一体となって全ての拉致被害者の生還を実現すべく、今後の対応方針を決定」

との方針も示されました。

マスコミは変わらず大騒ぎで、自民党の総務大臣経験者の「穏当でない」というような趣旨の発言をかかげつつ、ＮＨＫへの命令放送について、総務大臣としての認識を執拗に訊いてきました。私は次のように答えます。

「拉致された蓮池さんやジェンキンスさんは、新聞報道やラジオ放送で、日本の家族会、国民、政府が救出に向けてさまざまな行動をしているという報道に接して、しっかり頑張っていればもしかしたら日本に帰ることができるかもしれない、と希望をもったといいます。国家として拉致被害者救出のためにできることは全てやるということです」

私は、自民党の通信・放送産業高度化小委員会で国際放送の経緯などを説明して与党の理解を得ながら、電波監理審議会に短波国際放送実施命令の変更について諮問しました。審議会は、

「今回の実施命令の変更の趣旨は明快であり、また、北朝鮮の拉致問題というのは、現在進行形のことであって、それに対応する国際的な対応というのも現在進行形で動いている」

と、諮問の通りの変更は適当との即日答申を出したのでした。

この答申を受けて、私は次のような趣旨の総務大臣談話を発表しました。

〈今回、新政権発足と同時に拉致問題解決を最重要課題として政府一体となって推進するため、安倍総理を本部長とする対策本部が内閣に設置されました。すでに拉致被害者の方々は数年、あるいは数十年単位で、救出を待ち続けています。ご本人、そしてご家族にとってもこれはあまりにも長すぎる時間です。この上、さらなる年月を過ごさせるのだと

すれば政府は何のためにあるのかということになります。本部員でもある私は「総務大臣として何ができるか」を熟慮してまいりました。その結果、北朝鮮に対して「拉致問題が日朝間の最重要課題」という日本政府の毅然とした姿勢を示すとともに、北朝鮮の地で自由を奪われ一刻も早い救出を待ちわびながら必死に生き抜いておられる拉致被害者の方々に希望を持っていただくためにも、日本の家族、国民、政府は「自分達を見捨てずに救出のため全力で活動している」という事実をどうしても伝えなければならない、との結論に至りました。

現に拉致被害者のお一人である蓮池さんは北朝鮮で日本の印刷物を翻訳している際、家族が救出運動をしていることを知り、生きる希望を持つことができた、と述べておられます。また他の拉致被害者の方はラジオで救出運動を知り蓮池さんと同じように励まされたといいます。拉致被害者の方々にあらゆる手段でメッセージを送ることは極めて重要なことと考えます。

今回の措置については家族会代表である横田めぐみさんのお父上の滋さん、救う会の佐藤勝巳会長が「事は人命にかかわる。総務省、ＮＨＫ等関係者は、拉致被害者の安全確保のために、為し得る事はすべて行なうという姿勢をとっていただきたい」と命令放送を強く求めておられました。

表現の自由、報道の自由が極めて重要であることは私も認識しております。番組の内容などには踏み込むつもりはありません。拉致被害者を一日も早く一人残らず取り戻すことが目的であります。

是非とも、国民の皆様のご理解を心からお願いいたします〉

同日付でＮＨＫに対して命令書を交付しました。

マスコミはこれを一斉に批判します。ある大手新聞社は私に「命令大臣」という烙印を押すなど、徹底してたたかれました。しかし、国民のために信念をもって行動した結果でしたから、私の心は晴れわたっていました。

当初、心配顔だった官僚も、

「やればできる」

と、自信を持ってくれたようです。

官僚は、大臣が先頭に立って事案の処理に向かう姿勢を見せると、

「自分たちのトップは自分たちで守る」

組織防衛本能を発揮させて、フル稼働してくれます。

政治家が考慮すべきは国民の声であってマスコミの評価ではありません。いくらマスコミに叩かれても、国民は認めてくれるという確信が私にはありました。一部の新聞もその点は認めてくれました。

電気通信事業法初の立入検査

近未来通信は、

「電話料金から定期収入が得られる」

「副業に最適」

などと広告で盛んに宣伝し、「中継局オーナーシステム」と呼ぶ方法で投資家を募り、通信用サーバーを購入すると電話利用者が払う通信料から月々六十万～八十万円を配当するとうたって、一口一千百万円で約二千人の個人投資家から少なくとも三百億円以上の資金を集めていました。

しかし、実際はほとんど配当されず、詐欺的に資金を集めていた可能性が高いことが報道され、被害は全国に拡大し、国民生活センターに寄せられた相談も二百件を超えるなど、大きな社会問題になっていました。

このため総務省では、近未来通信に対して電気通信事業法に基づいて実態の報告を求めました。しかし、同社は期間を延長した上、まともな報告を出してきませんでした。

私はこのまま放置することはできないと考え、官僚に、

「立入検査をするべきだ」

と言ったところ、

「法的根拠がなく難しいです」

「電気通信事業法では、利用者保護のための立入検査ならできますが、被害者は投資家ですからできません」

たしかに法の隙間でした。

しかし、届出制とはいえ総務省が監督しているのですから、このまま黙っているわけにはいかないと思いました。総務省には内緒で信頼している法務官僚に相談しました。

「報告が不備ということで、立入ることにしてはいかがですか。問題ないと思います」

と、知恵をもらいました。私はこの趣旨で指示しました。それでもなかなか動こうとしません。

「なぜやらないんだ」

この官僚は正直な人で、

「実は、これまで立入検査を実施したことがない。やり方もわからない」

という返答でした。躊躇する官僚に指示しました。

「責任は取るから、とにかく立入検査をするんだ」

こうして、電気通信事業法では初めてとなる立入検査が実施されました。

立入検査では、同社の電気通信事業収入は、二〇〇五年七月期の売上百八十一億円のうち、わずか三億円に過ぎないこと、同社から報告のあった通信用サーバーも実際は見せかけの数台だけしか稼働していないといった事実が明らかになりました。本業であるはずの電話利用料収入はなく、最初から投資家から集めた資金を還元しているという「自転車操業」でした。この結果を受けて、警視庁による投資詐欺容疑の家宅捜索へとつながっていきます。

近未来通信事件は、「利用者の利益」よりも「投資家の利益」を阻害する案件でしたので、電気通信事業法による業務改善命令は「投資家保護」のためには発動できず、機動的な対応ができませんでした。これを反省して、官僚は早速、利用者利益が阻害されていない場合であっても、事業運営が不適切な電気通信事業者に対してより迅速かつ機動的に対応できるようにするため、電気通信事業法を改正したいと積極的に提案してきました。

この法案は直ちに作成されて二〇〇七年四月に国会に提出され、同年十二月二十八日に公布・施行されました。

夕張市の財政破綻と地方財政健全化法の突貫工事

北海道の夕張市が財政破綻し、市長が市議会で総務省へ財政再建団体の申請をおこなうとの方針を表明した当時、私は総務副大臣でした。マスコミも連日トップニュースで報じました。それから十日くらい経って、今度は、

「夕張市、前年上回る夏のボーナス支給　財政再建団体で？」

と見出しをうった新聞記事を目にしました。市長、助役、市議、一般職員などいずれも前年よりも多い金額のボーナスをもらうという内容でした。

すでに財政破綻している自治体に、どうしてそんな大盤振る舞いができるのか。絶対に許せないと思い、担当課長を呼んで、

「これは、どういうことだ？」

質したところ、

「地方自治体の問題ですので、私たちは口出しできません」

と、答えます。総務省は、日頃は細かなことまで地方自治体に口出ししているのに、このような誰が見ても納得できない問題から逃げる姿勢には我慢なりませんでした。

「それなら地方交付税を含めていっさい口出しするな！」

つい、語気を荒らげてしまいました。

官僚というのは、とかく危ないことには関与したくもないのです。私はこれが夕張市だけでなく全国的な問題だと注視していましたので、そのような苛立ちの発言となりました。一週間ほど経ってから事の重大さを認識したのか、夕張市長と議長の給料を半額返上するという報告がありました。

その後、私は大臣となり、すぐさまこの問題に着手しました。

夕張市と同程度の一万三千人規模の市町村は全国に多くありますが、官僚から提出された資料から、夕張市は人口規模に比較して圧倒的に職員数が多く、建設費などの事業費のコストも高くなっていることがわかりました。

運営も放漫でした。投資したスキー場などの観光、レクリエーション事業は、不採算であっても見直しや廃業はせず、赤字を埋めるために一時的な資金借り入れを行い、その際、赤字を隠すよう粉飾まがいの処理をして、北海道や国の監査をすり抜けていました。

予算編成が終わり、臨時国会が閉幕した合間をぬって、暮れも押し迫った十二月二十九日に夕張市を訪問しました。

夕張市の市長、議長、公務員労働組合の委員長らと懇談し、「石炭の歴史村」や市立病院などを視察しました。

そこで感じたのは、この規模の市にしては公共施設が多いことでした。ほとんどのバス停にトイレが併設され、プールは五つもあり、学校の数、病院の規模など、周辺の自治体と比べてサービスが過剰で、縮小できる余地はいくらでもありました。

夕張市はかつて十一万人を超える人口を抱え、産炭地として繁栄していました。それが一万数千人規模にまで減少する過程で、その環境の変化に応じた改革をすべきであったのが遅れてしまったのです。赤字を一時借入金によって粉飾し、増大に歯止めをかけられなかった。その結果、気づいたときには破綻という最悪の状態に陥っていたのです。

地方自治体の財政が破綻しても、国はそこで暮らしている人々には、同じ規模の地方自治体に住む人々と同様に、最低限の行政サービスは保障しなくてはなりません。そのために国の税金を使うことになります。同時に、地元の住民にも重い負担をしていただかなければなりません。

周辺の自治体からずさんな市政運営をしてきた夕張市への批判もありましたが、全国から夕張市民に対して援助の手を差し伸べたいという国民の声が多く届いていました。それは私が制度化したいと考えていた「ふるさと納税」の力強い後押しにもなりました。

夕張市が地方財政再建促進特別措置法に基づいて財政再建計画を提出した後、総務省はこれを検討、同意し、夕張市は財政再建団体となり、国の管轄下に入りました。

このように財政が破綻するまで放置していては、結果的に地域を衰退させ、住民の負担を大きくしてしまいます。私は財政破綻に陥る自治体をなくすために、

「サッカーで言えば、イエローカードを出してレッドカードまで行かないような仕組みを創ることだ」

と考え、

「財政破綻をさせないような法律をつくろう。それも緊急に次の通常国会に提出しよう」

と、官僚に指示しました。すると言下に、

「それは間に合いません。できれば再来年の通常国会に、どんなに早くても来年秋の臨時国会にしてください」

と否定の返答です。法案の作成では、概略をつめるだけでなく、他の法律との整合性を取ることや、法制局の審査などに多くの時間がかかります。確かに通常の法案作成期間に比べると到底間に合わないスケジュールでした。

私は強く言いました。

「あれだけ財政破綻が問題になっているのに、今やらないでいつやる。この国会であれば野党も賛成するはずだ。破綻予備軍ともいえる自治体を破綻させないためにも絶対にすぐやるんだ」

大臣に就任して以来、私は、

「スピード感のある仕事をして国民の負託に応えなければ」

これを常に意識し、ことあるごとに官僚に伝えていました。ただでさえ国民は、「国の対応は遅い」と、不満をもっています。それを払拭するためには、ひとつひとつの事案をスピーディーに片づけなくてはなりません。夕張市の財政が破綻したのも、借金を先送りにしたのが原因でした。問題を先送りにした結果、最悪の事態を招いたのです。

私の号令に応えて、若手官僚が十人選抜され、法案作成チームが結成されました。彼らは役所内に作業部屋を作り、午前三時、四時、ときには泊まり込みで、年末年始の休みも返上して法案を作成したのです。方向性が出たら官僚はよく働きます。

こうして完成したのが、地方財政健全化法です。この法案は私が号令をかけてからわずか三カ月という異例の早さで閣議決定されました。国会審議も思惑通り順調に進みました。
法案成立後、私は、狭い部屋にこもって不眠不休で頑張ってくれた若手官僚を集めて慰労会を開きました。かれらは口をそろえて、

「やってよかった」

「いい仕事をさせてもらって感謝しています」

充実感を口にしてくれました。なかにはニュースを見た家族から、

「いつも午前様で何をやっているのかと思っていたら、この仕事をしていたのね。お父さん、ごくろうさま」

と尊敬のまなざしで見直されたという話もありました。

やる気になったときの官僚の頑張りに感心したものです。

高金利の政府資金を繰上げ返済

地方財政において、重くのしかかっているものに、公債費負担があります。これは、政

府から財政融資資金として借りたものを含み、銀行などの金融機関から借りたときと同様、利子をつけて返済しなくてはなりません。

住宅ローンなどを銀行から借りた場合、金利の変動に応じて返済利子も下がるタイプがありますが、かつての政府資金は借りたときの金利で固定されました。したがって、高い金利のときに借りると、世間の相場とは関係なく、ずっとその金利で返済し続けなくてはならないのです。

銀行のローンなどは、お金に余裕ができたときに繰上げ返済ができます。これによって返済計画を変更し、元金を減らすことができます。ところが政府資金は、利子負担に見合う補償金を払わなければ繰上償還が認められません。

私は横浜市会議員をしていた頃から、

「民間の金融機関では低金利のときに繰上げ返済をして金利負担を軽くできるのに、なぜ政府資金だとそれができないのか」

と、疑問を感じていました。

初当選以来、党内の会議で、

「地方自治体が、地下鉄建設や下水道事業のために七〜八％という高金利で政府から借りた地方債の繰上げ返済を認めるべきだ」

と、何度となく発言していましたが、

「気持ちはわかるがどうにもならない」

と毎回却下され、長い間、実現しませんでした。

総務大臣に就任するとすぐさま、

「地方の高金利負担は、どうみても理不尽だ。この問題は、なんとしても私が大臣在任中にやるから協力してほしい」

と、財政融資資金の金利の流れと地方自治体の借入金残高の調査を、官僚に指示しました。上がってきた資料をみると、

一九七四年十月一日〜一九七五年十一月三十日　金利八・〇%
一九八〇年四月一日〜一九八〇年四月三十日　金利八・〇%
一九八〇年五月一日〜一九八〇年十一月三十日　金利八・五%
一九八〇年十二月一日〜一九八一年四月三十日　金利八・〇%

予想通り八％を超える金利があり、この時期を頂点として、一九五〇年以降、一九九三年まで四％を下回った期間はありませんでした。ちなみに、一九九五年五月八日以降は四％未満で推移しています。

地方自治体の公債費負担の残高を調べたところ、二〇〇五年時点での全国地方自治体の残高合計九十四兆四千億円のうち高金利のものは次の通りでした。

金利四〜五・五％未満　十一兆八千億円（全国の一二・五％）
金利五・五〜七％未満　五兆五千億円（同五・八％）
金利七％以上　三兆円（同三・二％）

これらの数字を前に、私は嘆息し、官僚に言ったものです。

「今の金利の二％に比べたらいくらなんでも高すぎるだろう。政府は高利貸しじゃないんだから」

官僚の説明では、

「金利八％以上のものは、償還年限三十年、金利七％以上のものは償還年限二十五年以上のものになります」

人口急増に伴う都市基盤整備や福祉の充実のために、地方自治体は上下水道、地下鉄、病院、公営住宅、学校などの建設をせまられましたが、自らの財政では賄えずに政府からも資金を借り入れました。当時の高い金利が、今になって重荷になっているということなのです。

私のもとには全国から、

「職員の削減や給与カットなど行政改革を実行している。しかし、高金利の財政融資資金を返済しなくてはならず、上下水道料金を三八・三％も引き上げざるを得なかった」

「病院事業を高金利の公債費負担が圧迫している。病院事業債残高の二〇％が六％を超える高金利の地方債なんです」

といった声が寄せられていました。

一方、貸した側の政府としては、政府資金は旧大蔵省資金運用部や旧郵政省の郵便貯金事業、旧公営企業金融公庫などが関与し、総務省の一存だけでどうにかできる問題ではありませんでした。

「繰上償還ということになりますと、財務省理財局に加えて、日本郵政株式会社と日本郵政公社にも了解が必要になります」

すぐに行って、私の強い意志を伝えるように言いました。報告に戻ってきた官僚は、

「理財局長は大反対です。郵政も郵貯とかんぽ（簡易保険）のからみで反対です」

予想通りの反応でした。

「大臣が絶対にやる決意だと言って絶対引くんじゃない。あとは交渉だ」

縦割り組織の中央省庁では横の連絡が極めて希薄で、ひとつの案件が複数の省庁にわたる場合は責任の擦り合いをして、何時まで経っても解決しない例がいくつもあります。省庁をまたがる案件は官僚には荷が重く、責任を取りきれないのです。責任は政治家がとればよいのであって、その姿勢を見せれば官僚も安心して動いてくれます。

繰上償還では官僚はよく動いて何回も交渉してくれました。

繰上償還を容認する場合、金利に相当する補償金を支払うこととなっており、これがネックとなっていました。ところが、二〇〇五年度予算において、住宅金融公庫、独立行政法人都市再生機構、年金資金運用基金については、財政融資資金の補償金なしでの繰上償還を財務省が認めていることがわかりました。私はこれを突破口にしようと考えました。

財務省と折衝する前、日本郵政株式会社の西川善文社長が私のもとを訪れ、

「予定の金利が入ってこないので困ります」

　案の定、反対の意思を示しましたが、

「この低金利時代に五％を超える金利は高すぎます。私は繰上償還を絶対にやります。地方自治体のためにも協力してほしい」

　と、説き伏せました。

　同じく日本郵政公社の生田正治総裁も懸念を表明しましたが、これも説得しました。まず外堀を埋めると次は本丸の財務省です。何度となく官僚同士で激しいやり取りをした結果、理財局長は理解を示し、最終的に財務相との大臣折衝で合意に達することができました。

　こうして、高金利の返済に苦しむ地方自治体も繰上げ返済が可能になり、負担の大幅な軽減が実現したのです。繰上償還の実績は、二〇〇七年度から二〇一〇年度までで、六兆千四百六十四億円。事実上の地方負担の軽減額といえる補償金免除相当額は、一兆千八百十九億円にも上りました。

第四章　国民目線の改革

年金記録問題を総務省で

年金記録問題は国民の財産にかかわるもので、最も国民の関心が高く、重要な課題です。社会保険庁では、複数の番号に分散した年金の記録をひとつの基礎年金番号に統合する作業を進めていて、それと並行してオンライン化される前の年金記録を入力する作業を進めていました。ところが、その作業がずさんであったため、基礎年金番号に統合されていない年金記録が約五千九十五万件もあることが判明したのです。その持ち主がわからなくなってしまったものは「宙に浮いた年金（記録）」と呼ばれ、大きな社会問題となりました。

さらに調査が進められると、五千九十五万件の「宙に浮いた年金」のほかにオンライン化されていない年金記録が最大で約千四百三十万件あることも判明したのです。当然ながらこれは安倍内閣の最大の政治課題となります。その所管は社会保険庁を監督する厚労省にあったため、当初、私は関与していませんでした。ところが、急に安倍総理に呼ばれて、こう切り出されたのです。

「年金記録問題は社会保険庁では解決できない。厚労省は国民の信頼を失っている。総務省には各省庁の行政評価と監視をする機能があるので、総務省でやってもらえませんか」

私は、やらせてもらいますと即答し、間髪いれずに作業に取り掛かりました。

少子高齢化の時代において、年金は高齢期の生活の大切な支えです。年金記録問題は年金制度の根幹が揺らぐ事態でした。まさに国家の基本にかかわる問題です。国民の信頼を失っては、年金は制度として成り立ちません。

この年金記録問題に臨むにあたり、私は異なる三つの観点から取り組む必要があると考えました。第一に国民の年金記録を回復すること、第二になぜこのような問題が発生したのか原因を究明すること、第三に問題を起こした社会保険庁が適切にその後の業務をしているか監視することです。そして、それぞれについて、「年金記録確認第三者委員会」「年金記録問題検証委員会」「年金業務・社会保険庁監視等委員会」という三つの委員会を立ち上げることになります。

私が最も重視したのが「年金記録確認第三者委員会」です。年金記録が宙に浮いているということは、保険料を納めたのにそれに見合う年金を受け取れないということです。まじめに年金保険料を納めた人に対してきちんと年金を給付することは、年金制度の根幹にあたる当然の前提です。

安倍総理からも、

「年金記録の確認については、ご本人の立場に立って、申立てを十分に汲み取り、様々な関連資料を検討し記録訂正に関し公正な判断を下すことを任務とする『第三者委員会』で、国民の立場に立って対応し、国民の信頼を回復するよう努めてもらいたい」

との指示を受けました。また総理には、

「法曹界からだれか起用したほうがいいな。日弁連の会長だった梶谷剛さんは、成蹊大でぼくの先輩だから、たぶん引き受けてくれると思うよ」

というアドバイスをいただき、梶谷先生にお会いして、引き受けていただきました。

「第三者委員会」では、総務省が行っている、行政相談で苦情を受け付け、関係機関にあっせんするという機能を活用することとしました。その中で、委員会の位置づけを明確にするため、新たに年金記録確認第三者委員会を政令で設置することとしました。

委員会は、あっせんの基本方針の作成等に当たる中央の第三者委員会（委員三十名以内）と、全国五十カ所の評価事務所等に置かれる地方の第三者委員会（それぞれ委員十名以内）から構成されます。さらに、この第三者委員会と社会保険庁の関係について明確化するため、

「総務省に置かれる第三者委員会における公正な判断を踏まえ、社会保険庁はこれを尊重して記録の訂正を行う」

ことを骨太の方針二〇〇七に明記しました。

その上で、中央の第三者委員会で基本方針の作成に当たる十人のメンバーを任命し、二〇〇七年六月二十五日に同委員会を立ち上げました。第一回の会合では梶谷剛氏が委員の互選により委員長に選任されました。

中央の第三者委員会では、あっせんに当たっての基本方針を策定していただき、すみやかに地方の第三者委員会を発足させ、社会保険庁では記録が確認されなかった事案の受付等を開始することにしました。

基本方針に沿って判断できるものについては、地方の第三者委員会で判断し、地方の委員会では判断が難しいような新たな類型の事案が出てきた場合には、中央の第三者委員会

で検討するのです。

　年金記録の確認に関しては、あくまでも国民目線に立って、公正な判断を示すという方針が徹底されました。

　国民にしてみれば、十年以上前の領収書などを大切に保管しておきなさいということが土台、無理な話です。預かった年金は社会保険庁がきちんと管理するのが当然です。それを怠ったのですから、責任を感じなくてはなりません。ところが、国民から支払っていたとの申立てを受けても、

「物的証拠がなければ受け入れられません」

などと木で鼻をくくったような態度で対応したことが、悪い役人のイメージを抱かせ、政府への不満、不信感へつながっていました。

　年金が確実に給付されるのかどうか、それは国民生活に直結する、切実で深刻な問題です。国民の立場に立って、年金記録の訂正に関する公正な判断を示すことによって、国民の正当な権利を保障し、不安を解消して信頼を回復させる――それが第三者委員会の使命です。

　中央の第三者委員会では次のように決定しました。

判断の基準は、申立ての内容が社会通念に照らし「明らかに不合理ではなく、一応確からしいこと」とする。

前記判断を行うに当たっては、類型に対応した肯定的な関連資料及び周辺事情に基づいて検討する。

こうした関連資料及び周辺事情がない場合においても、申立人の申立内容等に基づき、総合的に判断する。

この基準について、「一応確からしい」とはどういうことか、などとマスコミで批判もありました。

私の印象に強く残っているのは横浜市鶴見区在住の夫婦です。この夫婦は何回もテレビのニュースなどで取り上げられていました。夫は七年八カ月分、妻は四年四カ月分が未納扱いとされていましたが、

「特例納付があって、その分は納めてある」

こう主張されていました。これに対し社会保険庁は、

「特例納付は確認できない。納めたなら領収書を提出すべき」

と、突っぱねていたのでした。第三者委員会でこの夫婦を面接したときに、

「うそをつくような人とは思えず感情的にはマル。だけど証拠がない」

委員会はこれでバッとせずに、

「とにかく調べてみよう」

在住していた横浜市の関係書類を調べてみると、未納の保険料を一括して納付できる特例納付を実施した時期があることがわかったのです。ご夫婦の主張通り、年金が回復しました。親身になって探せばどこかに何か糸口があるものです。

国民の立場に立って対応しなければという姿勢が、社会保険庁の職員にはあまりにも足りなかったのです。

第三者委員会が先に述べた方針で年金問題を処理しようとすると、

「そんな性善説で大事な年金を給付していいのか。あいまいな証言でも払うのか」

などと非難する声が私の耳にも届いてきましたし、あらゆる場面でものすごい抵抗がありました。

一例をあげると、ウィンドウマシンの貸与があります。社会保険庁には年金記録を閲覧

できる端末がありました。それは社会保険オンラインシステムのホストコンピュータに接続されていて、プリンタ付き専用画像端末という名称ですが、各地の社会保険事務所の「窓口」に設置されたことから、所内ではウィンドウマシンと呼ばれていました。

　年金の相談に訪れた人の情報を迅速に知るためには、地方第三者委員会には必須の装置なので、ウィンドウマシンの貸与を要請したのです。しかし、社会保険庁はプライバシーや個人情報の保護を盾にして貸そうとしませんでした。

　五千万件もの処理をするためには、寸秒を惜しむくらいスピードが要求されているのに、社会保険庁は自分の仕事を取られると思ってか、ひどく非協力的でした。

　ウィンドウマシンの貸与は、第三者委員会を立ち上げてから三カ月も経って、ようやく実現しました。しかし、それでは地方の中山間地に住んでいる高齢者などは、委員会のある主要都市まで出向かなくてはなりません。私は、社会保険労務士会に貸与するように求めたのですが、なかなか受け入れられませんでした。

　社労士の皆さんが一所懸命やろうとしているのに、社会保険庁が抵抗するため、なかなか先へ進めなかったのです。ないがしろにされ、もっとも迷惑を被っているのは、国民にほかならないのです。

社労士の皆さんには、この年金記録問題で大変なお力添えをいただきました。かれらは年金の専門家です。年金記録確認第三者委員会の委員にも、東京都社労士会や神奈川県社労士会の幹部に参加していただくとともに、全国の社労士さんにお願いし、膨大な「宙に浮いた年金」の処理にご協力いただきました。「年金記録問題検証委員会」にも委員として加わっていただきました。

「年金記録確認第三者委員会」は所期の目的どおり、一件一件の申立てに丁寧な対応を重ね、確実に成果をあげていきます。四年間で、二十三万件の申立てを受け付け、約十万件の記録を回復しました。十万人の国民を将来の不安から救い、財産を確保することができました。

また「年金記録問題検証委員会」は第三者委員会と時期を同じくして立ち上げました。検証委員会は七人のメンバーからなり、二度とこの問題を繰り返さないために、なぜこういう事態が発生したのか、その原因と経緯を事実に沿って検証し、今後に活かすことを目的としていました。また、検証結果は、随時、年金記録の回復に役立てられました。

検証委員会の座長は前検事総長の松尾邦弘さんにお願いしました。この検証委員会が総務省に置かれたことで、行政評価・監視の権限に基づいて、厚生労働省や社会保険庁を調査し、中立性を保った検証が可能となりました。

検証の範囲は、一九七九年以前の手書き入力の時代から、一九七九年以降順次オンライン化を進めて行った過程や、一九九七年の基礎年金番号導入とそれ以降の名寄せの状況など、長期間にわたります。また地域によって取扱いが異なっていたのではないかとの問題も指摘されており、各社会保険事務所の取扱いがどうであったかといった全国調査も必要でした。

総務省の管区行政評価局、行政評価事務所を活用した実地調査なども行いながら、検証委員会では隅から隅まで徹底した検証を行っていただき、その結果出てきた事実はその都度包み隠さず公表し、年金問題の全体像の掌握に大きな成果を挙げました。

年金問題での相次ぐ不祥事により、社会保険庁や厚労省は国民からの信頼を完全に失っていました。厚労省に代わって社会保険庁の業務を監理する機関を置かなければなりません。そこで総務省内に「年金業務・社会保険庁監視等委員会」を立ち上げることにしました。省庁に対して他の省庁がチェックし、メスを入れる。これは画期的な事例で、初めてのことでした。

機関の性格から判断して、これは外部の有識者によって構成されるべきだと考え、当時、年金問題について鋭く追及していたジャーナリストの岩瀬達哉さんが頭に浮かびました。お会いしたことはありませんでしたが、著作を読んでみて、考えもしっかりしているとの印象をもっていました。人を介して岩瀬さんにお会いしてみると、おっしゃることが当を得ています。委員会について説明すると、

「年金問題に関しては、私の〝先生〟がいますので」

とのことでした。先生とは函館大学客員教授の磯村元史《もとし》さんでした。

岩瀬さんと磯村さんについて官僚にも意見をきいてみました。

「岩瀬さんは政府批判をしていますし、磯村さんは野党側の参考人として国会に出たこともあります」

さすがに、こういう情報には詳しい。しかし私は、

「政府とか党は関係なしでやろう。国民のためにやるんだから。国民目線でやろう」

耳が痛いことを言われるのも覚悟のうえで、あえてお願いしようと決心しました。

こうして「年金業務・社会保険庁監視等委員会」が設置されました。委員長には国鉄改革で実績のあるＪＲ東海会長の葛西敬之《よしゆき》さん、委員には磯村元史さん、岩瀬達哉さん、評論家の大宅映子さん、弁護士の住田《すみた》裕子《ひろこ》さん、大学教授の村岡洋一さんの合計六人で構成

されました。厚労省内に事務局を置き、名寄せをはじめとして社会保険庁の作業の実態をしっかりと監視してもらいました。

国民にとって老後の生活を送る上で、最も大事な年金をずさんに扱ってきた社会保険庁。多くの国民にご迷惑をおかけし、不安に陥れた年金問題。三つの委員会の委員の皆様のご努力で、年金業務を立て直す道筋をつけることができました。過去に例のない事態で私にとっても手探りでしたが、総務省の組織を挙げての協力態勢によって対応することができたと思っています。

その後、社会保険庁は解体され、年金業務は新たに設立された日本年金機構が担うことになりました。「年金記録問題検証委員会」の検証結果や、「年金業務・社会保険庁監視等委員会」の知見は日本年金機構に引き継がれています。私が委員をお願いした岩瀬さん、磯村さんは日本年金機構の設立で中心的役割を果たされ、現在も活躍されています。

家賃を年間一億円も節約した独立行政法人

発端は衆議院総務委員会での質問でした。

「総務省所管の独立行政法人である平和祈念事業特別基金の無駄遣いがとんでもない。新宿にあるオフィスで、職員二十一人の事務所スペースがなんと三百十坪、その家賃が一カ月九百五十五万円。そして天下りや出向も多い。総務大臣、何でもっと早くこんないいかげんなところを是正してこなかったのか」

この質問がされることは事前通告で知っていました。官僚の作成した答弁案は、

「オフィスには展示施設が併設されていて、多くの人に来ていただくために利便性の高い場所にあるためやむをえない」

というものでした。

しかし、私はあえて次のように答弁しました。

「恥ずかしい話ですけれども、実は今日、初めてこの事実を知りました。どう考えても高過ぎますので、見直しを先ほど指示したところであります」

委員会当日の朝、質疑について官僚から説明を受け、この高額家賃を聞いてわが耳を疑いました。

「家賃が九百五十五万円？　それは一年間だろ」

「いえ、一カ月です」

私は愕然として問い質しました。

「どうしてこんなに高いんだ」

「新宿住友ビルですから」

「だから、どうしてそんな家賃の高い場所に置かなきゃならないんだ」

「見学者にとって便利で効率がいいので」

「展示施設の資料館は当然だが、事務所はその必要はないだろう。資料をもってくるように」


　問題になったのは平和祈念事業特別基金の事務室です。基金は一九八八年七月に設立され、二〇〇三年十月から独立行政法人として新たなスタートを切っていました。所在地は新宿住友ビル三十一階全体で、シベリア抑留で強制労働をさせられた史実を展示する資料館に併設される形で事務室がありました。その賃料がなんと年間約一億八千七百万円。資料館は年間約七千二百四十万円で、事務所は約一億千四百六十万円、質問の通り一カ月の家賃が九百五十五万円だったのです。

「なぜこんな金額になっているのか、こんなに広いスペースは要らないだろう」

　そう指摘すると、職員のほかに学芸員などの非常勤の職員が五十八名いるのでこの金額になったという説明が返ってきました。

しかし、すぐに現地を視察してみると、五十八名というのは登録している人数で、実際に常駐しているのは二十人ほどしかいなくて、資料館と連動する必要はなく、どこにあっても全く支障をきたさないことがわかりました。

「資料館はいいとして、事務所をそんな家賃の高いところに置く必要はない。あまりにも非常識だ」

すぐに移転を指示しますが、実際の作業に入ると移転の難しさを並べます。

「事務所を使ったあと、原状に戻したりしなくてはなりませんし、引越費用に三千五百万円もかかります。そういう経費を考えますと……」

「その引越費用というのは、どこの業者の見積もりだ。ちゃんと、複数の業者から〝あいみつ〟を取っての金額だろうな」

「仮の見積もりだから一件だけです」

私は事務次官に移転先を探すように指示しました。すると同じ新宿区の若松町に総務省統計局のある第二庁舎がちょうど空いているということです。そこを移転先にしようとすると、

「第二庁舎は資産売却の対象施設で、財務省の理財局に問い合わせたら、売れなくなるか

らダメだそうです」

「それなら理財局長にいつ売れるか訊いて、売れるまで入れるように交渉するんだ」

するとと今度は、

「三十一階のワンフロアで貸してあるのを、事務所がなくなれば中途半端なスペースになるので、資料館は四十八階に移ってくれと言われました。移転費用が一億円もかかってしまいますが」

「何を言っている。『中途半端だから出て行ってくれ』というのは相手の都合だろう。費用は向こう持ちに決まっているじゃないか。あそこの社長は昔からよく知っているから、必要なら直接電話する。その前にもう一度しっかり交渉するんだ」

結局、財務省理財局にしても住友ビルにしても特段の支障もなく、もともと基金の関係者が引越をしたくないための言い訳だったようです。

二〇〇七年七月二十一日、基金の事務所は総務省第二庁舎へ移転しました。ここは財務省に支払う家賃は年間一千万円と、前の家賃の約一カ月分で済むわけです。資料館は四十八階へ移転し、引越費用は家主の負担。その家賃も年間六千九百万円。合計すると七千九百万円。以前は一億八千七百万円かかっていたので、年間一億八百万円を節約することができました。これを機に天下りや出向も見直して人件費も大幅に削減しました。

私は官僚の感覚を正さなくてはならないと思い、答弁ではあえて、

「恥ずかしい話で、大変申し訳ない思いです」

と、口にしました。それは質問者への答弁というよりも、この答弁を聴いているであろう、私の後ろに座っている官僚に対して発したものです。

国民からすればとんでもない無駄遣いです。それを当事者が気づいていないところにこの問題の根深さがあります。引越を命じても、ああでもないこうでもない、とつまらない言い訳を考えて時間を稼ぎ、居座ろうとするものですから、私も徹底して厳しい態度で臨みました。

平和祈念事業特別基金は基金で運営されていました。財務省の査定や国会の審議を経る予算と違い、監視の目が届きにくいものでした。自分たちが身銭を切って払う家賃ではないので疑問を感じず、このような状態だったのです。もともとは国民の税金なのです。こうしたコスト感覚は多少荒療治になっても正さなくてはなりません。

首長の高額退職金と地方公務員の高給にメス

私が副大臣の時、小泉総理と雑談する機会がありました。地方自治の話になって、

「地方の首長の退職金はものすごく高いんですよ」

「どのくらいだ」

「知事だと一期四年間でざっと四千万円、政令市長で三千三百万円、一般の市長でも二千万円くらい受け取っています。ちなみに総理は今、退職されたとして、四年間で五百万円、来年でも六百万円くらいです」

「それは多すぎるな。何か制限する方法はないかな」

そんなやりとりがきっかけとなり、経済財政諮問会議でこの件を話題にしたようです。

議事録によりますと、

〈**小泉議長**　知事や市長などは退職金をあれほどもらう必要はない。国会議員も退職金はない。各大臣や総理大臣の退職金も少ないのだから。知事や市長は、どうしてあれほどたくさんもらうのか。

与謝野議員　東京都の二十三区の区長でも一期四年で二千万円。

中馬議員　一期だけもらえばまだしも、たとえば三期やった人などは一億数千万円もら

える。

小泉議長　それはおかしい。総理大臣も各大臣も退職金は要らないから、知事、市長も、もっと退職金について考えてほしい。多過ぎるのではないか。それは議事録に書いておいた方がいい〉

会議後の記者会見で与謝野大臣は、小泉総理の「知事や市長の退職金は多すぎる。私もいらないから、あきらめてもらったらどうか」との発言を紹介されました。実際に小泉総理はその後、退職金六百三十四万円全額を「野口英世アフリカ賞」に寄付されたのでした。

私は大臣になって是正すべく行動を始めました。首長の退職金は、地方自治法で「条例で退職手当を支給することができる」と定めてあります。ところが、退職金の算定基準はどこにも書いてありません。それが高騰の一因でした。ちなみに、総理や大臣などの退職金は、退職時の月給に在職年数と支給率の乗法で出されますが、知事や市長の場合、在職年数ではなく、在職月数を掛けている自治体がほとんどでした。

「年数とするべきではないか」

私は官僚に訊いたのですが、地方自治法で守られている以上、国が口出しをするのは難しいということです。

「それなら情報公開しよう。そこに住んでいる国民には知る権利がある。知事や市町村長がどのくらい退職金をもらっているのか、総務省のホームページで一覧表にして、閲覧してもらえるようにしよう」

と提案し、これには官僚も異論はありませんでした。こうして「特別職」つまり首長の退職手当が公開されるようになったのです。

二〇〇七年四月の段階では、一期四年あたりの首長の退職金トップは兵庫県知事で四千八百七十二万九千六百円、以下、四千五百万円以上は、東京都、岐阜県、長崎県となっていました。それが、総務省で公開するようになってからは減額へと転じています。

二〇一一年四月の時点で、岩手、山形、群馬、静岡の四県は退職手当を不支給としたほか、大阪府は半減。全国で十一団体が減額しています。市長の退職金についても二〇一一年四月の調査では、仙台、浜松、名古屋、堺、北九州の政令市五市と、柏、奈良、熱海などの市が不支給とするなど、変化がみられるようになっています。

首長の退職金だけでなく、地方の公務員の給与が高過ぎるのではないかという批判もありました。

二〇〇五年当時、大阪では市バスの運転手が年収一千万円以上と話題になっていました。

特に技能労務職員の給与が非公開になっているところに問題があると考え、民間や他都市と比較できるように、総務省で公開するよう指示しました。対象は公営バスの運転手、清掃職員などです。

すると、予想通り地方自治体から反対や抵抗の声があがってきました。

給与情報の開示を渋っていた地方自治体に対しても粘り強く説得し、徹底的に調べさせました。それでもボーナスを含めない金額を提示するなど、なかなか正確なデータを明かそうとしませんでした。しかし、次々と公開されるにしたがって、徐々に抵抗は弱まりました

同時に、民間の給与実態も比較データとして閲覧できるようにしました。これは、「給与情報等公表システムにおける技能労務職員等の給与情報の開示」として、総務省のホームページで公開されています。

数値をみると、清掃職員は、公務員だと平均の月給四十二万円、民間だと同二十九万円。バス運転手は、公務員だと平均四十五万円で、民間は三十万円などと具体的に比較でき、問題点を明確にすることができたのでした。

こうした実態を住民のみなさんに知っていただき、その上でどうすべきか、どうあるべ

きか判断していただく。これから地方分権を進めるにあたって、情報をさらに住民に公開し、行政の透明性をもっと高めなくてはなりません。

新型交付税制度の創設

総務省の仕事は社会の仕組みに関わるものが多く、国民からみるとわかりづらい印象があると思います。その最たるものの一つが、地方交付税制度です。

交付税制度は、全国の都道府県や市町村のそれぞれについて、標準的な歳出と税収の見込みを算定し、歳出が税収を上回っている自治体に関しては、その部分の財源が不足するので、そこを交付税で補てんすることで、全国どこに住んでいても公平に一定のサービスが受けられる、という仕組みです。

とはいうものの、その算定は非常に複雑です。たとえば、消防、義務教育、高校・大学、生活保護、介護、国民健康保険、道路、公園等、さまざまな公共の仕事があります。交付税では、これらの仕事を全て数字化して算定します。それを全国の地方自治体について行うわけです。したがって、総務省の中でも交付税制度について全体像を話せる人間はわずかしかいないと言われるほどです。

一方で、行政サービスの量の大部分を決める最終的な要素は人口と面積になります。交付税の算定結果を分析すると、人口と面積でかなりの部分を説明できるとする研究報告もありました。私は総務副大臣に就任した時、竹中大臣と相談して、

「交付税をもっと簡素化して、人口と面積で算定できないか」

という考えで一致しました。しかし官僚は、

「地方自治体の事務は法律で細かく縛られていて、それを無視して人口と面積で算定することなどできません」

と、難しさを強調します。たとえば、人口千人あたりの義務教育の教職員数をみると、島根県と埼玉県では、二倍の差があります。これは島根県の地形が東西に広がっている上に、人口も少ないことによる結果です。人口だけで単純に計算すると、人口が多く、経済的に豊かな地域に交付税がより多く配分されることになり、不平等になるという理由でした。

人口の減少が見込まれる地方自治体からは、この算定では到底、今後の財政運営が立ち行かなくなるという強い反論が出されました。

しかし、ここで退いていては何事も変えることはできません。竹中大臣と私は、

「地方自治体からも納得を得られる形で、いろいろと工夫して人口と面積で算定する知恵を出すように」

と、強く指示しました。

官僚はとても苦労したようですが、なんとかして案を作ってきました。

交付税で算定する歳出の内容を分析すると、都道府県では九割程度、市町村では八割程度の経費がかなり義務付けの度合いが高い経費で、逆に一割から二割程度については地方の裁量に委ねられる経費ということでした。その一割から二割の部分について、人口と面積で算定するというものです。

もちろん、過疎地域など条件不利地域については、別の算定で調整措置を講じなければなりません。

言葉にすれば簡単ですが、五兆円規模の歳出について算定方法を変えることになりますから、担当部局にとっては大変な作業でした。しかも、法律で事細かに定められている行政経費ごとの算定項目を、市町村であれば当時五十三あったものを三十六に減らす大改正となるわけです。

できるだけ交付税を簡素に、透明にすることが、地方自治をわかりやすくし、地方の発展につながるという信念で、私が大臣の時、無事に国会で成立させることができました。
これがいわゆる「新型交付税」です。

大阪市高給天国の謎

地方自治体には、税収が多いところもあれば少ないところもあるので、新型交付税のように簡素化するだけでなく、ていねいに財政調整する制度は不可欠です。それでも私は交付税制度について、いくつかの問題意識を持っていました。

一つは、交付税制度で財源を保障することが、結果的には自治体の自助努力を削いでいるのではないか、という問題です。税収が少ない自治体ほどたくさんの交付税が配分され、努力して地域を活性化して税収を増やすと、逆に交付税は減ってしまいます。その弊害を防ぐ仕組みもありますが、やはり努力する地方自治体がもっと報われるようにすべきです。

もう一つ、不可解な面があります。

たとえば、二〇〇六年度で横浜市と大阪市を比べると、横浜市よりも百万人も人口の少ない大阪市が、職員の数は一万人以上も多く、区役所の数も横浜市が十八であるのに、大阪市は二十四でした。これに対し交付税は、横浜市が百十二億円、大阪市は四百五十三億円と、四倍も違いました。多額の交付税を受けながら、大阪市は市バスの運転手やごみ収集の環境事業職員などで年収一千万円以上の人が八百人もいるという「高給天国」を形成していたのです。

大阪市では、かつての社会保険庁と同様、市役所職員の労働組合による旧態依然たる支配が続きました。非効率な行政組織、高い職員の給料といった高コスト体質のために、本来街づくりに回すべき予算が減ったことなどが影響し、ライバル視していた東京との都市間競争で大きく立ち遅れています。こうした役所の体質は、実感として市民に伝わります。この意味でも、改革を唱えた橋下新市長が誕生する下地はあったといえます。

「改革の努力が見られない大阪市に、なぜ巨額の交付税が支給されるのか」

官僚に質したところ、

「大阪市は生活保護者が多い。大阪市内の幼稚園はほとんどが市立で、横浜市はほとんどが私立です。大阪市はかつて法人関係の税収が多かったが、激減しているのに対し、横浜市は所得の高い市民が多く、税収が安定しているためです」

といった内容の答えがありました。

交付税の算定においては、地方税収の二五％は、算定の対象外にしています。全てを算定対象にすると、税収が増えた分だけ交付税が減ってしまい、地方自治体に経済を活性化させて税収を上げようとする意欲を失わせてしまいます。大阪市の職員給与は、その算定外分を充てていると考えられ、このあたりは交付税制度の限界でした。

さらに、交付税の金額の規模も問題です。二〇一一年度の交付税の総額は十六兆四千億円です。交付税が巨額過ぎることが、交付税に頼る気持ちを助長させる本質的な原因であると思います。

全国どこでも同じような行政サービスを受けられる仕組みとしての交付税制度の意義は否定しません。しかし、これが六十年以上続いていることによって、結果的に交付税頼みの体質をもたらしてはいないでしょうか。どんなに素晴らしい制度も、時間が経てば、時代に合わなくなり、ほころびが出ます。

優れた見識をもっているとされる市町村長さんであっても、こと財政の問題になると、皆さん口をそろえて、

「お金がない」

と強く訴えられます。

国から配分されるお金ではどうしても依存心が生まれます。交付税での財源調整も必要

ですが、やはり自前の税収である地方税の割合を思い切って引き上げなければなりません。地方分権は、権限とともに税源を地方に移譲することからはじまるのです。

首長の多選禁止への道筋

私が大臣在任中に県知事の不祥事が続出しました。代表例が岐阜県知事で、県庁ぐるみで数十億円にものぼる裏金作りをしていました。続いて、福島県知事が実弟とともに県発注のダム工事をめぐって建設業者に便宜を図った見返りに実弟の会社名義の土地を買い取らせた事実が明るみに出ました。さらに、広島県知事の後援会元事務局長が集めた資金の一部を政治資金収支報告書に記載せず、逮捕されて有罪が確定し、同知事の元秘書も知事選前に県議らへ資金提供したと供述しました。

岐阜県知事は、辞職後に発覚した県庁ぐるみの裏金作りについて、知事時代に関与していたことが指摘されました。福島県知事は辞職した後、逮捕されました。広島県知事は二度にわたる県議会からの辞職勧告決議を拒否した後、病気を理由に引退しました。

岐阜県知事は四期、福島県知事は五期、広島県知事は四期と、いずれも多選首長で、それが不祥事の背景にあると社会問題にまで発展したのです。

都道府県において知事は非常に大きな権限と裁量を持ち、多選によって首長が盤石の地盤を築くと、さらに権力は肥大化します。こうして誰も知事に意見できなくなり、それが県の公共工事における談合、指名入札制度などへの関与をはじめとして、官官接待、カラ出張等の不祥事の温床となります。

こうした知事の多選を禁止するため、過去に何回か、立法しようとする動きがありました。

最初は一九五四年、知事三選禁止を盛り込んだ法案が国会に提出されましたが、廃案。その後、一九六七年に知事四選禁止、一九九五年に政令指定市長と知事の四選禁止と法案が提出されたのですが、いずれも廃案となっています。

廃案となる大きな理由は、憲法に定められた参政権や職業選択の自由など、いくつかの条項に抵触する恐れがあるためでした。

言いかえれば、憲法上の問題をクリアすれば多選禁止が立法化できるわけです。そこで私は、日本の著名な法学者に依頼して、調査研究会を発足させ、そこで憲法上の論点を整理してもらって、多選禁止を法律で制定することが憲法違反になるかどうか検証してもらうことにしました。

研究会の委員は、高橋和之さん（明治大学法科大学院教授・憲法）、岩崎美紀子さん（筑波大学大学院人文社会科学研究科教授・比較政治学）、金井利之さん（東京大学大学院法学政治学研究科教授・行政学）、斎藤誠さん（東京大学大学院法学政治学研究科教授・行政法）、只野雅人さん（一橋大学大学院法学研究科教授・憲法）、横道清孝さん（政策研究大学院大学教授・地方自治論）の六人です。座長に高橋さん、座長代理に岩崎さんが選ばれました。

首長の多選問題に関する調査研究会は、約半年間で六回開催され、総務大臣の私あてに報告書が提出されました。報告書は、多選問題を立法化するうえでの道標となり、非常に価値のあるものです。

報告書では、法律に根拠を有する地方自治体の長の多選制限については、必ずしも憲法に反するものとは言えないとの見解が出されました。

「多選制限は、地方自治体の長の権力をコントロールする合理的な手法の一つとなり得るものと考えられる」

としたうえで、

「多選の結果、選挙の実質的競争性が損なわれているとすれば、選挙の競争性を確保し、政策選択の幅を広げる手法の一つとして多選制限を位置づけることができ、このような考え方に立った場合には、多選制限は、民主主義の理念に沿ったものと考えることもできる」

　と多選制限の意義を示し、また、法の下の平等、職業選択の自由など、憲法のいずれの条項にも違反しないと結論付けています。さらに次のような項目が示されました。

・一期を超える連続就任を制限することが適当であること
・すべての地方公共団体の長を多選制限の対象とできること
・制度化する場合には、地方自治法において規定することが適当であること
・法律によって一律に多選制限をするか、具体的内容を条例に委ねることとするかは、立法府の判断によること

　この報告書で指摘されたように、日本を代表する法学者の研究会から、「憲法上は問題なし」との方向性が出たことで、多選禁止を法律で制限する可能性が出てきました。

　これを受けて、早速、神奈川県議会では、

「知事は引き続き三期を超えて在任することはできない」

との条例改正を可決しました。これを施行するためには地方自治法が改正されなくてはなりませんが、少なくともこうした多選禁止に向けての道筋をつくれたことに大きな意義があったと思っています。

被災者の支援制度を使いやすく

総務大臣であった二〇〇七年七月十六日に、新潟県中越沖地震が発生しました。発生直後に消防庁に災害対策本部を設置し、大臣として対応の指示を出すとともに、二十四日には柏崎市内を現地視察し、今後の行政ニーズについて住民の声を直接聞きました。

特に痛切な訴えがあったのが、被災者生活再建支援制度の見直しの要望でした。

この制度は、阪神淡路大震災を契機に一九九八年に議員立法で成立した制度です。自然災害で住宅が全壊した世帯に最大で三百万円（家財等に百万円、住宅に二百万円）を支給できるようにするものでしたが、支給を受けるためには、所得証明や領収書、現地の写真など膨大な書類が必要で、支給対象も住宅関係ではローン利子等に限定されるなど、支給要件が複雑で制度の使い勝手が悪く、実態としては五十万円程度しか支給されていないという状況だったのです。

真に必要な人を重点的に救うために法律に盛り込まれた支給要件が、実際に運営される段階で、官僚によってあまりに厳格に適用されたために、被災者の生活再建を支援するという本来の目的を十分に果たせなくなっていました。

そこで私は、現地から即座にこの制度を担当している内閣府の官僚へ電話を入れて、もっと柔軟に運用することを強く申し入れました。

当時、能登半島地震、中越沖地震の復旧も大きな課題であり、この制度の見直しが求められて、与野党双方から改正案が提出されていました。

私は、改正に中心的役割を果たしていた与党議員に実態を説明して、住宅本体の建設費も対象とし、住宅を再建する世帯に二百万円満額の支給が行われる制度とするよう申し入れました。

私の意を受け止めていただき、野党とも調整された結果、被災者を迅速に支援するために、収入要件及び年齢要件の撤廃や、使途を限定した上で実費額を精算していたのを、使途を限定しない定額渡し切りに改めるなど、シンプルで使い勝手のよい制度に改正することとなりました。この法律は二〇〇七年十一月に全会一致で成立しました。当時のねじれ国会の中で、初めて可決された法律となりました。

この法改正によって、中越沖地震等で被災された方々の意向に沿う形で支援金の支給がなされ、今回の東日本大震災で被災された方々の生活再建、住宅再建にも一定の役割を果たせたものではないかと考えています。

このように、法律が運用される段になって、本来の意図と違う結果が生じることもあります。政治家が、常に国民目線で現在の仕組みを見つめ、必要なところは修正し、足らざるところはスピード感をもって新たな制度を創設することにより対処することが必要だと、痛切に感じた事例でした。

第五章　マスコミの聖域にメス

データを捏造した「あるある大事典」

総務省は放送、通信を監督します。

「あるある大事典」（「発掘！あるある大事典Ⅱ」を略す。以下同じ）で、データを捏造し、放送していた、と告発したのはマスコミでした。週刊誌が火をつけて、新聞やテレビが追跡取材し、関西テレビが捏造を認めたのでした。

問題となった番組は、「食べてヤセる!!! 食材Xの新事実」と題していました。食材Xとは納豆のことで、ダイエットに効果があり、内臓脂肪やコレステロール値を下げるという内容だったのですが、あたかも海外の研究者を取材したかのようにみせかけていたデータがすべてウソで、捏造されたものである、と放送したテレビ局が認めたのでした。

それがウソだとは知らない視聴者は、放送があった翌日から、納豆を買いにスーパーへ押し寄せ、すぐに売り切れてしまうという状態が続いていました。

私は、データの捏造もさることながら、納豆という安くて栄養価の高い食材の供給が不安定となり、ダイエットとは関係なく毎日の栄養源として摂取している高齢者などが困っているのではないかと気になり、調べさせました。総務省は統計をとる業務がありますので、こういうデータはすぐに出てきます。

すると、番組の放送直後から、日本全国の二人以上の世帯における家計の日別支出で、納豆は、放送前に平均十一円だったのが、放送後は十九円と大幅に伸びていました。前年同月比でも三五・六％の増加を示していました。テレビの影響力がいかに大きいかを実感しました。

さらに、私のもとには秘かにインサイダー取引もおこなわれているとの情報が寄せられていました。「あるある大事典」は、国民の健康志向をつかみ、視聴者の消費行動にも大きな影響を与えていました。納豆の番組を何日に放送する、客が殺到するから大量に仕入れをしておけば儲かる、と事前に番組関係者が小売店に情報を流し、そこで金銭のやりとりがなされている、というものです。事実だとすれば、ゆゆしき問題です。

総務省は電波法に基づき、関西テレビに事実関係と原因を報告するよう要請しました。

その報告書は期限ぎりぎりに届きましたが、孫請け会社に責任を押し付けて、子会社や関西テレビのチェック体制の不備や責任にはほとんど触れていませんでした。

処分にしても、番組の打ち切りと子会社の社長は辞任となりましたが、関西テレビの社長は役員報酬三〇%カット三カ月という軽さでした。

私は民放の構造に問題があると思っていました。親会社であるテレビ局は高給をとって仕事を子会社や系列の会社に丸投げする。子会社はそれをさらに孫請けへ出す。孫請け会社は限られた制作費で番組をつくらなくてはならなくなり、それでも仕事を回してもらいたい思いで、親会社の意向に沿うよう無理やりに事実をねじ曲げてでも視聴率が高くなるように番組をつくってしまう……。

そして何か問題が発生すると、制作したのは下請けの会社で、親会社は知りませんでしたと頭を下げ、給料を少し減額しただけで、法的には何のおとがめもない。

これではニセの情報に踊らされた視聴者、国民に示しがつきません。以前にもこの種の捏造が何度となく問題になっていましたが、捏造がなくなる様子はありませんでした。このままでは同じことがまた繰り返されることになります。

私は関西テレビの報告書について、

「制作現場のことだけで、経営全体の責任が全く書かれていない。事実を捻じ曲げたか否かという放送法上の観点からの検証が十分でなく、再発防止策も具体的ではない。過去の放送についての報告もなされていない。インサイダー情報についても全く触れられていない。そういう点を再調査し、今月一杯で再提出を求めたい」

　と突き放しました。

「明らかに放送法違反であり、さらに必要な報告を求めて厳正な処分をしたい」

と続けました。そして、これだけ不祥事が続くと、再発を防止するために新たに法改正も必要ではないかと考えはじめていました。

　ところで法的制裁ですが、行政指導と行政処分では大きな開きがあります。

放送法に違反した場合は、通常「行政指導」扱いとなり、これは五段階あって、軽いものから①口頭による注意、②文書による注意、③口頭による厳重注意、④文書による厳重注意、⑤警告、で、警告は総務大臣名ですが、その他は局長名です。行政指導には法的拘束力はありません。

　電波法には、放送法に違反した場合の行政処分の規定があります。無線局（放送局）の運用停止（停波）又は制限が命じられ、その停止命令に違反すると、免許取り消しとなって放送局自体が運営不能となります。行政処分を適用すれば、たちどころに放送ができなくなってしまうのです。厳罰だけにその判断は慎重となり、過去、電波法が発動された放送局はありません。

　このように行政指導と行政処分の間には大きな開きがあるため、その中間に再発防止につながるような処分は考えられないか、というのが私の思いでした。それを口にしたとたん、マスコミは一斉に反発しました。

　マスコミの反応は予想していた通りでした。それよりも、過去、何回も同じような過ちを犯しては、反省なくそれを繰り返している放送局に対し、従来の対応ではもう改善の見込みはないと判断したのです。私は言論の統制とか、検閲をする意思などまったく持っていませんでしたし、報道、編集など放送内容に政治や役所が関与すべきでないことは先刻承知していました。ただ、業務内容を改善できるような法改正をしなくては、国民の暮らしに悪影響が出ると懸念していました。

　法改正の趣旨は、

「虚偽の説明により事実でない事項を事実であると誤解させるような放送により、国民生活に悪影響を及ぼすおそれ等がある場合、総務大臣は放送事業者に対し再発防止計画の提出を求めることができる」

とし、それも放送事業者が自ら認めた場合のみを適用の対象とすることとしました。

法改正を表明すると、今度は日本民間放送連盟（民放連）が敏感に反応し、

「私どもの業界には放送倫理・番組向上機構（ＢＰＯ）があります。ＢＰＯのほうで、自主的に厳しく内容をチェックし、捏造などが確認された場合にはその局に対して措置をいたしますので、法制化は見送っていただきたい」

と申し入れてきました。本音のところでは、

「総務省に番組内容への介入を許す口実を与えてはいけない。それにしても、ここまで立ち入った大臣はいない」

などと噂していたそうです。私としては、捏造、やらせといった番組が無反省に繰り返される放送業界の体質を変えるためには、法制化しかないと判断したのですが、ここに至って、ようやく業界関係者も事態の深刻さと重要性を認識したようでした。

その後民放連は、緊急対策委員会を開催して、関西テレビを除名処分とする決定を下しました。

民放連から除名されると、ＮＴＴ光回線の使用料割引が受けられなくなり、キー局、関

西テレビの場合はフジテレビからの番組などを受信する際、割高となってしまいます。ほかに民放連が肩代わりしている音楽などの著作権の許諾や使用料なども独自で調査処理しなくてはならなくなります。民放連の規約では、もっとも厳しい処分でした。この処分は仮決定で、正式には総会での決定を待たなくてはなりません。

そして関西テレビから総務省に最終報告書が提出されました。これは外部調査委員会の調査結果も踏まえた内容のもので、過去二年間に放送した「あるある大事典」のうち、八番組が放送法に違反、八番組が放送法に抵触する疑いがあるとしていました。その十六番組はほとんどがダイエットや健康に関するもので、特定の食品との関連が強いものでした。いずれも国民の暮らしと健康に密接に関係していたために市場にも影響を及ぼしたと考えられます。

捏造の責任の所在については、関西テレビが「最終的には弊社にある」と認め、「経営責任も明確にする」としていました。

これを受けて、私は当時の放送法で最も重い「警告」の行政指導を発令し、文書を関西テレビ社長に手渡しました。これを抜粋します。

〈放送の公共性と言論報道機関としての社会的責任にかんがみ、誠に遺憾である。よって、今後、このようなことを再度生ずることのないよう警告するとともに、貴社の再発防止に向けた真しな取組を強く求めるものである。

　今後かかる事態が発生しないよう、放送法、電波法その他関係法令の遵守への取組を徹底するとともに、今回の事態を改めて厳粛に受け止め、放送番組の制作・編集に関する責任が放送事業者にあることを更に自覚し、放送番組のチェック体制の見直しなど、再発防止に向けた必要な具体的措置について一か月以内に報告するとともに、その実施状況について三か月以内に報告されたい〉

　番組放送から三カ月経って、関西テレビが出した結論は社長の引責辞任でした。

　これで、関西テレビ自身の処分、民放連による処分、総務省による行政指導と出揃い、当時の制度や枠組みの中では、「あるある大事典」の捏造問題は決着を見ます。しかし、事の重大性や再発防止を考えると、十分なものとは思えません。

　やはり放送法の行政指導では限界があると感じた私は、法改正の必要性を再認識しました。

　そして、放送法改正案の成立に向けて動き出しました。この法案は、捏造など国民経済又は国民生活に悪影響を及ぼす番組を放送した事業者には業務改善命令と再発防止計画の

提出を求めることができるとし、

「この規定については、放送事業者が捏造を自ら認めた場合のみ適用し、ＢＰＯが有効に機能している間は、適用しない」

と民放連の自浄作用にも配慮した内容にしました。それでも民放連の会長は、

「報道と表現の自由という市民社会の基盤を損ねるものであり、反対する」

とコメントを発表しました。民放連としては、なんとしても法改正を阻止する構えで、その「自浄作用」を示すつもりか、臨時総会で関西テレビの除名を正式決定しました。

法改正へ向けて衆議院は通過したものの、参議院の審議日程が確保できず、継続審議となりました。

放送局へ警鐘

民放連とテレビ各局は、変わらずキャンペーンを張って放送法改正に反対していました。

私は、「あるある大事典」の捏造とは別に、放送業界の既得権にもメスを入れる必要があるとかねてから考えていました。そしてタイミングを見計らい、

「電波料金を五倍に引き上げる」

と表明しました。

当時、電波利用料の中で、国が負担していた放送関係の歳出は二百十億円程度でした。一方、放送事業者の電波利用料の負担は、デジタルも含めてわずか三十八億円。放送事業者が支払う電波利用料は、携帯電話の利用料と比較すると十五分の一ぐらいでした。携帯電話事業者から不公平だという申し入れも来ていました。

地上放送の完全デジタル化に伴うアナアナ変換の負担料を除くと、放送事業者の電波利用料の基本料金はわずか四億円でした。その基本料金を増やすことにしたのです。官僚は、

「放送事業者の負担三十八億円に対して、受益は二百十億円で、五倍に相当するので、そのバランスを見直すということです」

と表現を変えましたが、私の基本料金を段階的に上げる方針に変化はありませんでした。

そして、二〇〇八年度は五億円、二〇〇九年度は十億円、二〇一〇年度は二十億円と、当初の予定通り電波利用料が引き上げられました。アナアナ変換の負担額と合算すると、二〇一〇年度は五十一億円となります。それでも携帯電話の電波利用料と比較すると、まだまだ安いものです。

私はこの値上げを表明するにあたり、民放各社の社員の給与など、放送業界の実情を調

べて理論武装していました。四十歳の平均年収が二千万円という会社が複数あり、下請けとの給与格差は実に四倍にも達していました。どんなに批判されてもひるむつもりはありませんでした。

民放連をはじめとするマスコミは世論に大きな影響力を持っているため、政治家や官僚は、マスコミを監督するときに及び腰になりがちです。しかし、私は国民のために必要な改革であるという信念がありましたので、反対のキャンペーンや批判にも立ち向かうことができました。

残念ながら、継続審議となった放送法改正案の「再発防止計画の提出」部分は、結局、たち消えとなるのですが、私としては、放送事業者に対しひとつの警鐘を鳴らした点で、意義はあったと思っています。せめて民放連には、私の法制化表明以降に本格的に活動を始めたＢＰＯが、しっかり機能している、と国民に思われるよう努めてほしいと思います。

ＮＨＫ受信料の義務化と二割削減

私が総務副大臣であった頃から、ＮＨＫの受信料に対して、国民の間から非常に不公平、不平等だという声をよく耳にしていました。

「受信料を払わなくても罰則があるわけでもない」

などと開き直って払おうとしない個人視聴者がいるかと思うと、あるホテルは百室以上の各部屋にテレビを設置しておきながら一台分の受信料すら払っていない、などという話もありました。

これに追い打ちをかけたのがＮＨＫの不祥事です。二〇〇四年から追ってみると、チーフプロデューサーによる番組制作費不正支出、経費水増し請求、二〇〇五年には、記者が連続放火犯として逮捕、二〇〇六年には、また別のチーフプロデューサーのカラ出張が発覚、などです。

ＮＨＫと契約を結んでいる世帯における受信料不払い件数は、二〇〇五年度で三百九十九万件でしたが、そのうちＮＨＫ職員による不祥事を理由にした支払い拒否は、百三十万件に及んでいました。

この三百九十九万件という数字は、あくまでもＮＨＫと契約している世帯数です。契約さえ結ばず、テレビ購入以来いっさい受信料を支払っていない件数はもっとあるはずで、官僚に調べさせたところ、ざっと一千万件あると判明しました。

ＮＨＫの受信料について、政府与党とＮＨＫが通信と放送のあり方に関して合意をして

います。それは、

「ＮＨＫ内部の改革を進めた上で、受信料引き下げのあり方、受信料支払いの義務及び外部情報の活用についての検討を早急に行い、必要な措置を取る。その後、更に必要があれば罰則化も検討する」

という内容でした。私はこの合意の直後に総務大臣に就任しますが、ＮＨＫ改革については副大臣の頃から構想をもっていました。

その構想の実現に向けて検討を重ねた上で、ＮＨＫ改革について私の考えを表明しました。

「受信料を本来支払うべき人は四千六百万人くらいいて、その中で三千二百万人くらいしか支払っていません。少なくとも一千万人が未払いなのです。これは非常に不公平な状況で、是正すべきです。私は国会に受信料支払いを義務化する法案を提出します。当然、義務化するからには受信料を値下げします。これは大胆にやりたい。受信料を二割値下げしたいと思っています」

ＮＨＫの受信料はこれまで一度も下げられたことはありませんでした。その受信料を二割下げる考えを示したのです。するとその翌日、ＮＨＫの橋本会長が私の発言に敏感に反応しました。

「厳しい財政状況の中、直ちに値下げは実現できない。二割値下げは、大臣がどういう根拠で数字を出されたのか承知していないのでコメントできない」

　という否定的な見解でした。

　受信料値下げにＮＨＫ側が難色を示していることへの考えを記者会見で訊かれました。

「ＮＨＫの改革と受信料の義務化によって生じたものを、国民の皆さんに値下げというかたちで還元していく。これが基本だと私は思っています」

　とした上で、二割値下げの根拠について、

「受信料の支払い率は現在七〇％です。これを義務化しますと、八五％くらいには上がるでしょう。すると一千億円前後の増収になります。それとＮＨＫの改革によっても二百億円前後の経費削減が可能です。六千億円の受信料を徴収するのに、徴収のための人員が五千七百人もいて、八百億円のコストがかかっています。これはいくら何でもかかり過ぎで、あまりにひどい。これを六百億円に抑えるだけでも二百億円の削減が実現します。ほかに、音楽やスポーツなどの制作部門の整理と統合によってもコスト削減はできるでしょう。そうした経営改革をやれば、この数字は全くおかしくないと思います」

「二割」については、私は表明する前に下調べを済ませていました。公共放送の受信料義務化と罰則について英国とドイツを例にあげると、両国ともに支払い義務があり、支払わないと罰金もしくは懲役刑が科せられています。支払い率は、英国が九四・三％、ドイツが九一・八％。その徴収コストは、英国が五・二％、ドイツが二・一％。それに対し、ＮＨＫの徴収コストは一二・九％で、徴収に八百億円もかけています。

海外の例をみてもわかるように、日本でも義務化すれば支払い率は八五％以上を見込むことができるでしょう。その見返りとして受信料の値下げをしなければ、国民は納得しません。

政府与党とＮＨＫが合意した時点では、ＮＨＫ側も義務化と値下げに向けて積極的に取り組む姿勢をみせていたのです。ところが、いざ改革に着手しようとすると、以前のような反応が返ってきません。このとき、官僚からはこんな報告が上がっていました。

「ＮＨＫの会長と、会長寄りの理事が反対しています」

それを裏付ける発言はいくつかありました。自民党の通信・放送産業高度化小委員会では、大半の議員が義務化と値下げをセットでやるべき、と合意をみているなか、橋本会長は、

「九月末までには、どういう条件で視聴者への還元が図れるのか具体的にお示ししたい」と時間稼ぎとしか思えないような意向を示したのです。しかも値下げを明言しませんでした。この年の夏には参議院選があり、内閣改造の可能性などを見越して、なるべく先送りにしようという作戦であったのかもしれません。

私は、先に提出されていたＮＨＫの「平成十九年度収支予算事業計画及び資金計画」に対する総務大臣意見を発表しました。

〈新たな不祥事を根絶するため、収支予算等に盛り込んだコンプライアンスの徹底、ガバナンスの強化、視聴者との結びつきの強化等の各種措置を全力で推進すること。

受信料不払者及び未契約者の解消に向け、口座振替の推進及びホテル等の受信実態等を勘案した事業所向け受信料体系の抜本的見直しなど、あらゆる措置について早急に検討の上、全力で取り組むこと。あわせて、国民・視聴者からの信頼回復や経営改革の努力により見込まれる増収等については、真に必要な経費を見極めつつ、将来の受信料の減額を検討すること。

子会社等についても、その整理・統合計画を速やかに取りまとめて公表するとともに、これに基づき、協会と一体となった人員削減や統廃合等の経営計画を行うことにより、そ

の合理化・効率化を推進すること〉

　このようにＮＨＫにさらなる改革を促しました。

ＮＨＫ会長を外部から起用へ

　私は国会の委員会において、

「ＮＨＫの内部の改革をまず徹底して行ってもらう。そして、料金の義務化、値下げを行う。政府・与党合意の中に書かれている三つがセットにならなければならない」

と、「三点セット」を強調しました。ところが、この段階でもＮＨＫの橋本会長は、

「義務化は必要だが増収の目途が立たないので、〇八年度からの二割程度の値下げはできない。料金体系の見直しの方向性は九月末に発表する」

と、あくまでも値下げには反対という主張を変える様子は見られませんでした。その翌日、私は会見で次のように述べました。

「受信料を引き下げるということは、ＮＨＫに改革の意欲があるかどうかという一つの試金石だと思っております。義務化だけして国民に還元しないということは、国民から理解をされないと考えております。ＮＨＫの内部改革と受信料義務化と受信料値下げというの

はセットである、という考え方をかねてより私は主張し続けてきております。そういう意味で、ＮＨＫが受信料引き下げを明言できないということは、非常に残念なことであると思います」

「三点セット」が一点でも崩れるようであれば、放送法改正案に義務化を盛り込めないと考えていました。

このときの放送法の改正は、ＮＨＫ受信料の義務化だけでなく、先述した「あるある大事典」への対応など、他の重要な項目を抱えていました。国会の審議日程を考えるとこれ以上先送りすることはできませんでした。

ＮＨＫの姿勢は一向に変わらず、値下げを受け入れようとしません。私は、「受信料義務化だけ先行するということは、到底、国民の皆さんの理解を得られない」と判断し、受信料支払い義務化を法案に盛り込むことを取り下げる意思表明をしました。しかし、これで諦めたわけではありません。

ＮＨＫ改革を進めるためには、ＮＨＫ出身の橋本会長では無理だと判断しました。そこで、近く半数の委員が改選されることになっていた経営委員会に、改革意欲のある民間人に入ってもらわなければならないと考えました。ＮＨＫ経営委員会は、ＮＨＫの経営に関する基本方針や、予算・事業計画などを決定し、運営を監督する権限を持つ組織です。また会長を選ぶ権限を有しています。経営委員会の委員は十二人で構成され、任期は三年です。委員の任命権は内閣にあり、最終的には衆参両院の同意が必要になります。

私は安倍総理と相談し、委員の一人として富士フイルム社長の古森《こもり》重隆さんにお願いすることにしました。

古森さんは、富士フイルムで収益構造を大きく変えるなど、優れた経営手腕と実績を持つ人物です。私はなんとしても古森さんに経営委員になってもらいたいと、ご本人の説得にあたり、了解を得ました。

経営委員会の委員長は、委員による互選によって決まります。この頃になると、委員長に古森さんが就任するのではとＮＨＫは警戒し、阻止しようという動きが活発になっていました。

橋本会長の体制を続けたいＮＨＫの一部の理事たちは、自分たちの影響力を高めるため、目に余る行動に及んでいました。たとえば、経営委員の家族を海外で撮影する番組に出演させたり、関係者を番組に招待したりして、自分たちの思いを実現させようと、懐柔工作をしていました。そうした情報は、逐一、官僚を通じて私の耳に届いていました。

官僚の情報収集能力は驚くほど優れています。この時期、私は官僚と良好な関係を築いていましたので、全面的に協力を得ていました。

古森さんを経営委員長にという報道が出ると、さらに露骨な妨害工作を仕掛けてきました。

「富士フイルムはＮＨＫにテープを納入している。その割合は全体で四割近くにものぼり、経営委員には、ＮＨＫと利害関係がある人材は起用できないことになっているから、相応しくない」

などと自民党の〝通信族〟と呼ばれる議員に根回しをはじめたのです。

「富士フイルム側からみれば、ＮＨＫへの売上なんて一％以下に過ぎない。とうてい利害関係にあたるような金額ではない。それをＮＨＫ側から見るという論理のすり替えをし、全く関係ないことをあたかも問題があるかのように持ち出すこと自体、ＮＨＫ改革を何とか潰したいという思惑がみえみえです」

私は直接、議員の説得に当たり、理解してもらいました。

古森さんは委員の互選により、正式にＮＨＫ経営委員長に就任されました。

その後、安倍内閣が改造され、私は総務大臣を退きましたが、後任には増田寛也元岩手県知事が就任されました。増田大臣も私の考えを継承してくれました。古森さんは期待通り指導力を発揮して、経営委員会をよくまとめてくださいました。執行部が提出した「五カ年経営計画案」に対し、経営委員会は、

「改革が十分とは言えず、承認することができない」

と突き返し、再提出を求めたのでした。

会長人事では、経営委員会は橋本会長の後任に福地茂雄アサヒビール相談役を決定しました。外部からの会長起用は二十年ぶりのことです。その後、経営委員長はＪＦＥホールディングス相談役の数土《すど》文夫氏に、会長は元ＪＲ東海副会長の松本正之氏に代わり、民間の経営感覚を入れる考えが受け継がれています。

最大の懸案だった受信料の値下げも、古森委員長当時に、一割の値下げを経営委員会として決定していただいていましたので、東日本大震災の影響で若干修正されたとはいえ、口座・クレジット払いで約九％となる年間千四百四十円、継続振込支払いで年間八百四十円という受信料値下げが初めて実現したのです。

第六章　「伝家の宝刀」人事権

ＮＨＫ担当課長を更迭

人事権は大臣に与えられた大きな権限です。どういう人物をどういう役職に就けるか。人事によって、大臣の考えや目指す方針が組織の内外にメッセージとして伝わります。効果的に使えば、組織を引き締めて一体感を高めることができます。とりわけ官僚は「人事」に敏感で、そこから大臣の意思を鋭く察知します。

先に述べたＮＨＫ改革の際にも、私はこの改革に対する自らの決意を示すために人事権を行使しました。

受信料の義務化と同時に示した受信料の二割値下げは、ＮＨＫの抵抗が大きく、自民党内にも放送行政に深くかかわってきた議員を中心にＮＨＫを代弁するかのような根強い反対論がありました。

総務省では、官僚と新聞社の論説委員が、法案の内容や政策の方針について意見交換する「論説懇」が開催されていました。その論説懇の席で、NHKを担当している課長が、「大臣はそういうことをおっしゃっていますが、自民党内にはいろんな考え方の人もいますし、そう簡単ではない。どうなるかわかりません」

などと言ったそうで、参加していた知人の論説委員から、

「菅さん、大丈夫？」

と、心配する連絡が入りました。さっそく局長を呼んで調べたところ、懇談の議事録が残っていて、はっきりとその課長の発言が記載されていました。NHK改革が簡単か難しいかどうか訊かれてもいないのに、わざわざ自分から見解を述べた発言であることがわかりました。

NHK改革には、自民党の議員のなかにも反対論者がいることは、もちろん把握していました。だからこそ、省内で意思統一を図って立ち向かわなくてはなりませんでした。課長の発言は官僚の域を超えており、見過ごすことができませんでした。課長職という現場のトップがそのような意識では、改革に向けた姿勢が疑われ、組織はまとまりません。

私はすぐに動きました。

「論説委員の質問に答えるならいいが、質問もされていないのに一課長が勝手に発言するのは許せない。担当課長を代える」

するとと幹部は、

「任期の途中で交代させると、マスコミに書かれ、大問題になりますよ」

「構わない。おれの決意を示すためにやるんだ。本気でNHK改革をやる、ということを示すためだ」

「課長職はそのままにして、NHK改革の担当者を上司に替えることで了解してもらえないでしょうか」

「ダメだ」

「大騒ぎになり、結果的に大臣にご迷惑をおかけしてしまいますが……」

「いいから、代えるんだ」

と押し切りました。

彼らが懸念していたように、マスコミからたたかれました。ある雑誌などには、ナチスドイツでプロパガンダを一手に担った人物を引き合いに出して「安倍政権のゲッベルス」などと書きたてられました。

改革を実行するためには、更迭も辞さない。困難な課題であるからこそ、私の強い決意を内外に示す必要がありました。マスコミはこの種の話題を面白おかしく書きたてますが、それを恐れては必要な改革は実行できません。

結果として官僚の中に緊張感が生まれました。組織の意思が統一され、一丸となってＮＨＫ改革に取り組むことができたのです。

その後、私が内閣改造で総務省を去るにあたって、更迭した課長は本省に戻しました。現在も要職で活躍していて、私の事務所にも訪れてくれます。

人事権はむやみに行使するものではありませんし、感情に左右されてはなりません。更迭された当人は別にしても、まわりから支持が得られ、納得されるものでなくては、反発を招き、官僚の信頼を失うことになります。

ノンキャリアを局長に抜擢

省庁の人事は入省年次や前例をふまえて決められます。この慣例を破る人事は官僚から大きく注目されます。

中央省庁の官僚にはキャリアとノンキャリアがいて、キャリアが就く役職とノンキャリアが就く役職はそれぞれの省庁で厳密に分けられています。キャリアは課長、局長、事務次官といったピラミッドの頂点を目指して昇進していくのに対し、ノンキャリアはそこまで昇ることなく退官することが慣例となっています。

人数の上ではノンキャリアのほうが圧倒的に多く、組織を活性化するためには、ノンキャリアの人たちのやる気を引き出し、協力してもらえるようにしなくてはなりません。

私は、自民党の国会対策の仕事をしていたときに、総務省のあるノンキャリア官僚と接する機会があり、

「この人はよく頑張っているな」

と感心してみていました。仕事はよくできるし、誠実だし、人望も厚い。

「こういう人を抜擢すれば、もっと組織が活性化するのに」

ノンキャリアという理由だけで、配置を固定してしまうのはもったいないと思っていました。財務省ではノンキャリアでも能力があれば抜擢するし、たとえ組織内で目立たなくても、地道にやっている人にはそれなりに評価してポストを用意し、キャリア、ノンキャリアの壁をなくして組織で仕事をしていました。私はそれを感心してみていました。

総務大臣に就任した時、財務省のように組織力を活かせるような人事をしたいと考え、

まっ先にあのノンキャリア職員が浮かんだのです。私は人事の責任者を呼び、

「ノンキャリアだけど頑張っているし、まわりの評判もいいので、地方の局長に出したい」

と命じました。

「わかりました」

すると翌日、責任者は沖縄の所長のポストを人事案として出してきて、

「ここもキャリアポストですし、本人にしてみれば三階級特進で、喜ばれると思います」

などと説明をはじめました。私は途中で、

「おれは、局長、と言ってるんだぞ」

と不快感を表すと、

「失礼しました！」

責任者はすぐに退去し、新しい局長のポストを用意してきました。

大臣が命じた人事ですら、慣例から大きく離れないように修正しようとする姿を目の当たりにして、官僚がいかに人事を重視しているかを再認識しました。

この人事は省内に波紋を投じ、大きな話題になったようです。ノンキャリアの人たちに

は、頑張って仕事をしていれば局長にだって就けるんだ、と歓迎されたそうです。一方、うかうかしておれないと、キャリアが気を引き締めることにもつながりました。

また、キャリアでも事務職と技術職にわかれ、技術職が就く最も高い役職も決まっていました。ここでも私は慣例を破り、優秀で人望も厚い技術職の人物を、旧郵政の筆頭局長、さらには事務次官級の総務審議官に就けました。彼は、前述した地デジの日本方式を南米に売り込むのに大活躍してくれました。

私は、人事を重視する官僚の習性に着目し、慣例をあえて破り、周囲から認められる人物を抜擢しました。人事は、官僚のやる気を引き出すための効果的なメッセージを省内に発する重要な手段となるのです。

日本郵政総裁をめぐる人事

私が総務大臣に就任した時点では、日本郵政公社と民営化準備会社として日本郵政株式会社が並立する状態でした。

日本郵政公社は、民営化に移行する二〇〇七年十月まで実務と民営化準備を担当し、日本郵政株式会社は、民営化後の経営戦略などを担当することになっていました。

民営化までのトップは日本郵政公社総裁の生田正治さんで、民営化後のトップは日本郵政株式会社社長の西川善文さんでした。

官僚は、情報収集能力においては抜群の能力を発揮します。生田総裁と西川社長に関する情報も、逐一、私のもとに届けられていました。その中で、気がかりだったのが、

「生田総裁と西川社長の両方から違った内容の指示が出て、どっちの意見を聞くべきか、現場に混乱が生じています」

との報告が急増したことでした。それでも私は、生田総裁の任期は三月いっぱいでしたから、その後は混乱も解消されるだろうとみていました。ところが、

「生田さんはやる気まんまんで、四月以降も続けて十月の民営化の直前まで総裁として指揮をとるつもりでいますよ」

「生田総裁は次の株式会社の人事まで決めて、それから退任するそうです」

という報告が入ってきました。そういう情報を得るにつけ、私はかつての国鉄改革を思い起こしました。民営化に向けて努力していた幹部が、それぞれ分割民営化後の会社経営に携わったことでうまく軌道に乗り、国鉄民営化が成功したのです。

「郵政民営化を仕上げるには、二頭立てではダメだ。西川さんに一本化しなければ」

と考え、人事は大臣の仕事だと決断します。

生田さんは、小泉前総理が起用した経緯がありましたので、まず竹中前総務相に相談し、竹中さんを通じて小泉さんに私の思いを伝えてもらって了解をいただき、西川一本化路線がスタートしました。

郵政民営化の成功が最大の目的です。そのためには、指揮系統に乱れがあってはなりません。四月に西川さんが総裁となり、十月の新会社移行後も社長となって経営の指揮をとる。それが成功へつながると考えました。

もっとも、生田さんは公社総裁として幾多の功績を残され、貢献していただいた経緯から、尊重しなくてはなりません。私はずいぶん悩み、腐心した末、ひとつのシナリオをつくりました。

三月末で任期が切れるにあたって、生田総裁のほうから今後についての相談があり、それを受けて、「ごくろうさまでした」とねぎらい、西川さんにバトンタッチする、というものです。

生田さんにお会いして了解をいただき、閣議で西川社長の総裁兼務人事が決定したのでした。ところが、生田さんはご不満であったらしく、その後、新聞紙上でご見解を述べておられました。

人事は本当に難しく、かなりの神経をつかいました。

大臣はあずかった組織を活性化させ、一体感をもたせ、統率しなければなりません。人事もそのために活用するのであって、まちがっても恣意的に利用してはなりません。

第七章　政務官でも仕事ができる

東京湾アクアラインＥＴＣ割引の実現

大臣政務官とは、一九九九年に設けられた官職で、従来の政務次官を廃し、政治主導の政策決定ができるよう、権限が与えられたものです。

かつては、たかが政務官、省庁の盲腸、などと軽視され、曖昧な官職でしたが、私は、大臣政務官というポストもやる気次第で仕事ができると考えていました。

私が国土交通大臣政務官としてアメリカに出張した際、移動で有料道路を走ることになり、シールのようなものをフロントガラスにペタッと貼ってあったのを見て、それは何ですかと質問すると、

「ＥＴＣです、価格は三十ドル」

と聞き、びっくりしました。当時、日本でＥＴＣの車載機を搭載すると三万円前後して

いたのに比べると、十分の一の値段でした。もちろん日本のものと同様の機能がついていました。

私は帰国後さっそく、なぜアメリカは三十ドルで、日本は三万円なのかを調査したところ、首都高などの公団では国内の二社が交互に落札していて、価格競争にさらされていないことがわかりました。そこで、

「もっと競合するようにしよう。国産にこだわらなくてもいい。海外のメーカーも参入させて一台一万円以下にして普及させよう」

と指示しました。

こうしてＥＴＣメーカーは十二社に増え、競争原理が働いたことで価格もどんどん下がり、一万円を割って、今では六千円程度の製品が出回るまでになったのです。

ＥＴＣは通信とコンピュータが介在するシステムです。日本の優れた技術をもってすれば、料金体系をフレキシブルに設定することもできます。

「車の少ない夜間の高速料金を半額にするなんてこともできるのでは」

と聞くと、既に香港やシンガポールでは、日本のシステムを使って、そういうサービスをしているといいます。技術的にはなんの問題もないとわかったので、私はさっそく実行

に移すことにしました。

以前から、東京湾アクアラインの料金が高すぎると目をつけていました。

「アクアラインの通行料金は現行の三千円から二千円くらいまで下げ、もっと使ってもらうべきだ」

と各所で述べました。

国会の委員会で、森田健作議員から私に対して、

「予算にこだわって料金は下げない意見と、料金を下げて利用者を増やすことで収支を上げる意見があったとする、あなたはどちらを採りますか」

と質問がありました。

「せっかく造ったものですから、皆さんに利用してもらう。利便性の向上やそれによる経済波及効果の方が大事であると思います」

と答えました。これは明らかにアクアラインを想定した質問でした。続けて森田議員は、

「何のためにこのアクアラインを造ったのか。あれは首都高速の交通量の緩和を目指して造ったんじゃないですか。ならば、私はこれを二千円、千五百円ぐらいにしてもいいと思う。下げるときは思いきって、ばちっと下げる。どうですか」

と国交大臣に迫りました。大臣は、

「料金を下げなくても、私は公共工事で造ったこの国の財産をいかに使ってくれるようにするのか、そのグランドデザインを国土交通省でつくっていきたいと思っています」

と値下げには反対の意向を示したのです。それは国交省官僚の多数派意見にほかなりませんでした。

その後開かれた委員会で、別の議員が私に、

「東京湾アクアライン、これをとにかく値下げしようと。私もこれには大賛成です。そのあたりの菅政務官の考え方をもう一度聞かせてください」

と質問されたので、

「アクアラインは四千円から三千円に二〇〇〇年七月二十日から値下げをしました。一年間ですが一日の交通量は平均三千二百台増え、今も増え続けています。値下げは成功であったと思います。当然、私はもう一段の値下げを検討すべきであると思っております。

それと、国土交通省の道路政策は、今まで造るほうにばかり目が行っていて、利用者のことを余り考えていなかったのではないでしょうか。たとえば、電気料金でも深夜は半額にするとか、あるいは携帯電話でも日曜日には割引するとか、利用者のサービスとしてい

ろいろなことを考えて実行に移しています。道路料金についても、もっと利用者に目を向けて、料金体系を柔軟に対応できるようにすべきだと思います。アクアラインもその一つです」

と答弁し、頑張ってほしいと質問者からエールをもらったのでした。

値下げしたほうが国民のためになるという確信がありましたが、大臣が官僚の意見を取り入れていたこともあり、国交省の方針を変えるのはそう簡単ではありませんでした。私がたびたび政策の見直しを迫ると、国交省の官僚は、

「料金を下げるとなると、財務省の許可が必要です。財務省がウンと言いません」

と矛先を逸らそうとしてきました。

「三千円を二千円に下げても、交通量が一・五倍になれば、チャラだ。それ以上、交通量が増えたら、収支は上向く。絶対に増えると言っていると説明してくるんだ」

実は、私は個人的に、料金が下がれば利用するかについて、少ないながらも意識調査をしていましたので、自信がありました。

突っぱね続けていると、反対している財務省の主計官が直接説明に来ました。私は政務官室でこの主計官と二時間近く大激論を交わしました。ようやく絶対譲らないことがわか

ると、こっそり、

「確かに、おっしゃる通り、アクアラインでは三千円を二千円にすれば交通量は増えて、増収も見込めるでしょう。実は、この方針が本四架橋をはじめ全国に波及しますと、財政的にもたなくなりますので、ちょっと……」

　全国のことを考えているのはさすが財務省だなと心の中で感心しながらも、

「何を言っている。当然、全国に波及させるためにやるんだ！」

　と言うと主計官は絶句していました。

「それが利用者のため、国民のためになるし、せっかく造ったものは利用してもらってこそ価値があるだろう」

　主計官を説得し、実験ということで期間を限定して、良い結果が得られたならば続行ということになりました。

　こうしてアクアラインの料金をＥＴＣ車に限って割引くという社会実験が始まりました。ＥＴＣを利用した普通車で料金が三千円のところ、実質二千円になるという割引です。

　実験前と実験後一週間のデータを比較すると、全体交通量は九万千百三十八台から十一万三千百五十四台へと二四％増加し、ＥＴＣ交通量は六千五台から八千七百九十五台へと四七％も増加していました。ＥＴＣ利用率は、わずか一週間で六・六％から七・八％に増えていました。

この実験は割引額を変えながらその後も継続されています。

かつて委員会で、

「ばちっと下げろ」

と主張された森田議員は「アクアライン八百円」の公約を掲げて千葉県知事に当選されました。私も与党議員として強力に応援し、ＥＴＣ普通車八百円が実現しました。値下げした結果、大きく利便性が向上し一日平均の交通量は値下げ前に比べて五四％増の三万二千台となりました。

「首都圏全体の人とモノの動きが活発化した」

と千葉県は効果を認め、県民からも大きな支持を受け、応分の負担をして現在も割引を継続しています。

ＥＴＣを積極的に活用する方針が固まるにつれて、若手官僚を中心にさまざまなアイデアが出てきました。

「通勤時間帯の割引で一般道の渋滞を減らせるのでは」

「普通の日の空いている時間帯も……」

私は特に深夜割引をすれば、昼間の渋滞緩和にもつながると考え、官僚に、

「午前零時から半額にしたらどうか」

と具体案を示すと、

「むしろ、午後十時から三割引、午後十一時には四割引と段階的に行ったほうがよろしいかと」

さらに効果的な方法を考えてきました。午前零時から半額と極端な区切り方をすると、それを目当てに待機する車でＥＴＣのレーンが混雑し、かえって渋滞を招くというのです。段階的に実施することで車の流れを滞らせないようにするという狙いでした。こういう発想は、さすが官僚と唸らせます。

交通量の少ない夜間の首都高速道路料金を割引にしようとしたところ、首都高のある理事が政務官室へやってきて、

「交通量が増えて騒音がひどくなると近隣住民が反対するから実施できません」

と反対します。

「騒音なら昼間も同じだろう。昼は苦情がなくて、夜、走らせたらうるさいなんて、おか

しいだろう。第一、騒音対策はさんざんやってきただろう」

こんな理事がいたのでは、改革などできないと感じた私は、道路局長を呼んで、

「夜中は走らせないなんて理事は辞めさせろ」

と命じました。政務官に人事権はないのですが、私がそこまで怒っていると知った理事は、何度も面会を求めてきて、

「私の勉強不足でした。ぜひ、そういう方向でやらせてください」

と積極的に取り組んでくれました。

後で事情を聴いたところ、騒音というのは実は方便で、背景には料金を徴収する職員の労働組合がからんでいたようです。これを理由に機械化、人員整理などされては困る、と猛反対していたのでした。当時は民営化前の道路公団で、その外郭団体が料金徴収を請け負っていました。この団体は国土交通省の天下り先でもありました。実はこれがＥＴＣの普及を遅らせていた大きな要因のひとつだったのです。こんな理由で国民が不利益をこうむってはたまりません。それを聞いて以降、私はさらにＥＴＣの普及を強力に推し進めたのです。

官僚もそうですが、こうした団体の役員も、組合対策は大変なので、どうしても及び腰

になってしまいます。そこは政治力で解決すればよいのです。

アクアラインの値下げを実現させた頃、私のもとへ新潟県新発田市から陳情が舞い込みました。

「バイパスが渋滞するので拡幅してほしい」

というものでした。調べてみると、そのすぐ側には「日本海東北自動車道」という高速道路があります。

「こっちも渋滞しているのか」

「いえ、ガラガラです」

「だったらアクアライン方式で、バイパスが渋滞する時間帯を半額くらいにしたらどうだ」

「それには道路公団の協力が必要です」

そこで国交省の官僚を向かわせると、

「絶対にダメと言っています」

「実験だからいいじゃないか」

すると官僚のほうから、

「国交省の予算でやりましょう」
と提案してきました。しかし、道路公団の協力が得られません。道路公団は全国一律の料金体系をどうしても崩したくなかったのです。
「出先の職員を料金徴収の現場へ行かせます」
国土交通省の職員が料金所に立ち、料金千円のうち、利用者から五百円を受け取り、残りの五百円を加えて、道路公団の料金徴収員に手渡したのです。利用者から見ると異様な光景だったと思います。国交省の若手官僚もアクアラインがうまくいったことで、意欲的に取り組んでくれました。

一週間彼らは料金所に立ち、高速料金半額実験を実施しました。区間は、聖籠新発田ＩＣから新潟西ＩＣまでの上り車線を対象に、午前六時半から九時半までの三時間で、料金は一律半額にしました。

その結果、通行量は通常五百六十台のところ千百四十八台と二倍以上になったのです。収入は減るどころか微増していました。その上、平均で五・二キロあったバイパスの渋滞が、半分の二・六キロに緩和されました。

この実験結果を受けて、渋滞緩和のためには道路を建設するしかないという硬直的な考えを改め、高速料金の割引などの柔軟な運営によって既存の道路網を活用するように指示しました。

国交省、道路公団、財務省と官僚社会は縦割りで、柔軟な対応に欠けますが、ここに政治が判断すれば、これまでできなかったこともできるようになります。そのためには政治家が責任を持って行動しなければならないのです。

港湾行政のワンストップサービス

横浜市会議員の頃から、海上貨物の港湾手続きに関して、改善する必要を強く感じていました。経済産業省の大臣政務官に任命されたのを機会にこれをなんとか改善しようと思いました。

世界の主要な港の年間平均コンテナ取扱量を比較すると、一位が香港で二千百九十三万個、以下、シンガポール、上海、深圳、釜山、高雄と東アジアが占め、この順位は不動のものとなっていました。日本は二十位に東京で三百五十八万個、二十九位が横浜で、神戸は三十位以下であるため正確な順位はわからない状況でした。

ちなみに一九八〇年のデータをみると、神戸は世界第四位、横浜が十二位、東京十八位となっています。わずか四半世紀足らずで、日本の港は世界の主流から落ちこぼれてしまったことになります。

なぜこのような状況に陥ったのか理由を探ってみると、あまりにも厳し過ぎる規制と煩雑な書類の手続きなどによって、高いコストがかかり、利便性が低いことが原因であることがわかりました。

港に船が着いて、輸入が許可されるまでの所要時間は、シンガポールだと二十四時間以内、中国はおよそ一日、韓国では二日以内ですが、日本では六十七時間と約三日もかかります。そのうち申請手続きにかかる時間は四十一時間で、ざっと二日間かかっています。

それもそのはず、申請すべき項目は、船名、船種、総トン数をはじめとして、合計百四十五もあり、それを港長、海上保安庁、港湾管理者、運輸局、税関、入管、検疫所など、それぞれの提出先にあてて別個の書類に記入しなくてはならず、その総計はなんと六百五十項目に及ぶのです。これが全て許可されなければ、船が日本の港で荷物の搬入搬出をすることはできないのです。

この弊害については、関係する省庁（経済産業省、農林水産省、財務省、厚生労働省、国土交通省、法務省、海上保安庁）の官僚が集まって協議し、港湾手続き業務を簡素化しようということで、会議を何回か開いてはいました。しかし、それぞれの省庁の官僚が自己主張をして譲らず、記載事項の見直しや統一化の作業はほとんど進展せず、入港の申請様式さえ決められないのです。改善がなされないまま、日本の港はどんどん国際競争から脱落して行くありさまでした。

なんとかしなくてはならないと考えた私は、同僚の自民党議員に呼びかけ、「産業競争力強化に向けた物流効率化研究会」を立ち上げました。研究会では、関係省庁や産業界から事情・説明を聴き、対応策を検討の上、二〇〇四年七月には、政策提言をとりまとめました。同じ時期に、経団連も「輸出入・港湾諸手続の効率化に関する提言」を公表しています。

私は、関係省庁がそれぞれのペースで対応していたのではいつまで経っても問題は解決しないと考え、ここは官僚に頼らず、政務官による政治力で解決を図らなければならないと行動に移しました。関係する省庁の政務官に声をかけ「輸出入及び港湾関連手続きの電子化・簡素化に関する政務官会合」を開き、ここで調整することにしたのです。

「役所の縦割り仕事を打破して、港湾手続きの簡素化を加速化させよう」

それぞれ担当する省庁の官僚に命じて、ワンストップサービスとシングルウィンドウを実現するためには、いつまでにどのような作業を遂行すべきか、工程表（ロードマップ）を作成し、それを公開することにしました。

当初、財務省、税関の現場からロードマップ作成への反対意見や作業の前倒しへの抵抗がみられたのですが、

「説得してほしい」

と財務大臣政務官にお願いして、ようやく進展がみられるようになったのです。

官邸で開催された政務官会議で、報告と議論が行われ、ロードマップの了承をみました。フォローアップも繰り返され、政務官会議として簡素化に取り組むよう省庁に縛りをかけたのです。

それにしても、どうして日本の港はここまで複雑で時間がかかるようになったのか。これは縦割り行政の弊害の典型でした。

港湾に設置してある既存のシステムには、税関手続きシステム「Ｓｅａ－ＮＡＣＣＳ」と港湾手続きシステム「港湾ＥＤＩ」、乗員上陸許可支援システム、貿易管理システム「ＪＥＴＲＡＳ」、食品衛生システム「ＦＡＩＮＳ」、植物検疫システム「ＰＱ－ＮＥＴＷＯＲＫ」、動物検疫システム「ＡＮＩＰＡＳ」などがありました。しかし、これらは独立

していて、相互の連絡連携はなく、接続していなかったのです。そこでこれらを統合するシステムを設置する必要がありました。

Ｓｅａ－ＮＡＣＣＳは一九九一年十月から稼働していますが、これを最終的には統合ＮＡＣＣＳとし、すべてのシステムを統合インターフェースにすることで、申請窓口の一本化を図ろうとしたのです。私は、

「全ての手続きができるよう最も大きいところに統合するんだ」

と、官僚に指示しました。よくよく聞いてみるとある官僚から、

「各々の省庁は、一本化すると影響力が下がる上に、天下り先がなくなるので反対しているんです」

と打ち明けられました。各省のシステムは退職後の受け入れ先でもあったのです。このような理由で利便性が損なわれてはたまりません。

「人はいくらでも新しいところへ入れるから心配するなとでも言っておけ。早く統合するんだ」

こうして官僚を納得させて、一歩ずつ前へ進めました。

政務官退任後、衆議院決算行政監視委員会で質問に立ち、日本の手続きがいかに煩雑で

あるかをパネルで示しながら、小泉総理に簡素化の推進を求めました。総理からも、
「簡素化は内閣の重要課題であり、進めるように指示する」
との確約をもらいました。

その後、国際海上交通の簡易化に関する条約（FAL条約）の批准、改正した港湾法と関税法が施行されました。こうして港湾手続きのワンストップサービス化に向けて大きく前進しました。

政務官でもその気になれば、仕事はできるのです。

第八章　議員立法で国会を活性化

万景峰号の入港を禁止する法律

国会議員には法律を作るという重要な仕事があります。法案提出権は、内閣と衆議院議員および参議院議員だけに認められています。国会で成立する法律の多くは、閣法と呼ばれる内閣提出法案で、作成当初から官僚は関わります。こうした法案には少なからず各省の思惑や利害が絡みます。国会議員が、純粋に自分の信念や国民の声に基づいて、政策を作り、目指す未来を作るためには、議員立法は一つの「あるべき姿」です。

私が初当選の頃は、議員立法が現在よりも少なく、成立する法律の大半が内閣提出法案でした。議員立法は内閣提出法案と比べて成立率が低く、多くは廃案とされがちでした。私は幸いにもいくつかの法律を成立させることができましたが、国民の後押しがあったからこそ成立させることができたのだと思います。

その一例が、万景峰号の入港を禁止する法律「特定船舶の入港の禁止に関する特別措置法」です。

二〇〇一年十二月二十二日、東シナ海で発生した「九州南西海域工作船事件」に代表される不審船の度重なる違法航行、侵略事件と拉致被害者事件は、私に強い関心を抱かせた問題でした。

その後、「わが朝鮮総連の罪と罰」と題して、元朝鮮総連財政局副局長が、『文藝春秋』に万景峰号による数々の「工作」を告白しました。その記事によると、万景峰号では、一回に十億〜二十億円もの巨額な現金を北朝鮮へ運んでいて、それが金正日総書記に届けられ、その総額は年間数百億円にのぼるとありました。

万景峰号は、新潟港と北朝鮮の元山を結び、年間二十回前後航行していて、多い時で年間五千七百人、平均でも二千人前後が往来していました。

また、長年にわたって日本国内で諜報・工作活動をしていた朝鮮労働党のスパイが警視庁公安部に逮捕され、その供述から北朝鮮「統一戦線部」の指令は万景峰号の船長から直接受け取ったり、同乗してきた統一戦線部の幹部から口頭で指示を受けるなどしていたことが判明しました。

万景峰号は、北朝鮮の対日工作活動の拠点であり、司令塔や金庫の役割など多岐にわたって活用されていたのです。私は、

「このような船が堂々と新潟港に出入港するなどとんでもない。入港を禁止する法律があってしかるべき」

と自民党の総務会で主張したのですが、

「それは政府が交渉中だ」

「北朝鮮を刺激すると、拉致被害者に危害が及ぶ可能性がある」

などと反対意見が多く、なかなか内閣が提出する「閣法」まで持ち込めそうにありませんでした。そこで、議員立法でやろうと自民党議員に声をかけ、山本一太議員や河野太郎議員らと、「対北朝鮮外交カードを考える会」を結成し、勉強会をスタートしました。

船を入港させないとなると難しい問題が多く、関係する省庁も、国交省、外務省、経産省、財務省、法務省、警察庁にわたりました。それぞれから課長クラスが出席して、研究、検討しました。最初のうちはどこの役所も、

「うちの所管ではないから」

などと尻込みしていたのですが、何度も会合を重ねていくうちに問題意識を共有し、官僚もその気になってきました。

議論を重ねて法案の方向性が定まり、具体的に法案を作成する段階になりました。議員立法の過程では、衆参の法制局が議員をサポートし、他の法律との整合性や、いかに条文にするかといった技術的な助言をします。その際に、衆議院と参議院の法制局で違う見解が出されました。このようなところにまで縦割りがあることには驚かされました。

こういった課題を一つ一つ乗り越えていくと同時に、現地を視察するなどして、世論を高めていきましたが、党内はまだまだ総論賛成、各論反対という状態でした。

議員立法に向けて強力な後押しとなったのは、横田滋、早紀江さん夫妻の力でした。横田さんがテレビで、

「どうも自民党内に反対している人がいて、万景峰号の入港を拒否する法律がなかなか成立しない」

と発言すると、名指しされた議員宛に抗議の電話やメールが殺到し、

「かなわない」

と悲鳴をもらすほどでした。

横田さんら拉致被害者家族の訴えは、世論を動かすほどの影響力がありました。それがあって党内がまとまり、野党からも賛同が得られ、「特定船舶の入港の禁止に関する法律案」は衆議院に提出され、二〇〇四年六月十四日に成立しました。

これと同時に、私たちは北朝鮮への送金や貿易を禁止するために「外国為替及び外国貿易法」の改正を働きかけ、この改正案も成立しました。旧法では、送金や貿易を禁止するのは「国際平和に寄与する」と国連安保理決議で判断された場合と規定されていました。それを国連安保理の決議を仰がなくても、安全保障上の理由を根拠に、日本独自で送金や貿易の停止を発動できるとしたのです。

現在でもこの法律をもとに北朝鮮に経済制裁が行われています。

「振り込め詐欺」を防げ

私は、多発する犯罪を何とか未然に防ぎたいと、治安対策を重視して活動し、自民党治安対策特別委員会（治安対）で事務局長を務めていました。

この頃、治安上の最大の懸案事項は、いわゆる「振り込め詐欺」と外国人犯罪でした。警察庁の統計によると、二〇〇四年度の振り込め詐欺認知件数は、二万五千件余りで、被害総額は二百八十三億円余りとなっていました。前年度の被害総額が約四十三億円であったことと比較すれば、いかに被害が増大していたかわかります。

振り込め詐欺の犯行には、他人名義の預貯金口座、プリペイド携帯電話、それと詐欺グループなどが手配した名簿が使われ、これが「三種の神器」となっていました。

私は、このうちの預金口座売買とプリペイド携帯を法律で取り締まることができないものかと、勉強会を立ち上げました。それが「銀行口座不正売買・プリペイド式携帯電話対策プロジェクトチーム」、通称「振り込め詐欺対策PT」です。私が座長を務め、九人のメンバーで、議員立法に向けて、法務省や警察庁の官僚と情報を交換、議論するなど会合を重ねました。

そこで私が感じたのは、法務省と警察庁という同じ治安を扱う省庁でありながら、思ったほど仲がよくないということでした。

法務省の官僚は、法体系に基づいた「きれいな法律」を作ろうとし、警察庁の官僚は、いかにして犯人逮捕につなげるか、実務的な法律を作ろうとします。もっとお互いに協力して情報を出し合えば、速やかに法律ができそうなものなのに、なぜか互いに張り合っていました。

国民の安全を守る治安にまで「縦割り」の弊害があるとは思ってもいませんでした。国民のために法整備が急がれる場合は、やはり政治家が間に立って調整しなければなりません。

この頃、銀行口座が自由に売買されていました。通帳は簡単に入手でき、それが売買されて本人の知らないところで犯罪に利用されていたのです。そこで、不正な目的で預貯金通帳などを譲渡した場合、譲り渡したほうにも、譲り受けたほうにも罰金を科し、売買やそれを目的とした誘引行為（広告など）なども罰金、懲役刑などに科すという内容の法改正に向け取り組みました。

これは「金融機関等による顧客等の本人確認等に関する法律（本人確認法）」を改正し、「金融機関等による顧客等の本人確認等及び預金口座等の不正な利用の防止に関する法律」として、議員立法で提出し、二〇〇四年十二月に成立しました。

振り込め詐欺に使用される電話は九五％がプリペイド携帯でした。

プリペイド携帯の場合、料金が前払いであるため、運営する会社にとって契約者情報を管理する必要性が低く、仮に自主的に本人確認をしていても、架空名義での取得が容易でした。そのために詐欺だけでなく誘拐事件など様々な犯罪に使用されていたのです。

そこで、プリペイド携帯も厳重な本人確認を義務付けるよう、法律を制定することにしました。

このことが「プリペイド携帯、販売禁止を視野に規制強化の議員立法」と新聞で報道されると、その翌日、英国大使が私の事務所に飛び込んできました。

「プリペイド携帯の機種は、シャープなど日本のいろいろなメーカーが生産しています。日本経済にも打撃を与えるので禁止しないでほしい」

ボーダフォンは英国の会社でした。プリペイド携帯の契約者は約二百八十万件ありましたが、そのうち約百七十万件がボーダフォンの契約者で、ツーカーグループの七十万件、KDDIの三十四万件をはるかに凌いでいました。

「禁止するのではありません。犯罪に使われないよう、本人確認を義務づける法整備をするということです」

私は説明しましたが、英国大使の機敏な反応には驚くと同時に感心したものです。自国の不利益になると判断するや、すぐに交渉する。その行動力は大いに見習わなくてはなりません。

プリペイド携帯の本人確認を定めた「携帯音声通信事業者による契約者等の本人確認等

及び携帯音声通信役務の不正な利用の防止に関する法律」は、二〇〇五年四月に成立しました。

銀行口座の売買とプリペイド携帯に罰則付きの規制をかけたことに加えて取締りの強化、社会全体で啓発活動に取り組んだことなどが功を奏して、振り込め詐欺は著しく減少しました。しかし国内での取締りが厳しくなった今日では、犯罪が国際化し、犯罪者は中国などからも電話をしているようです。治安対策に終わりはなく、不断の見直しが必要です。

外国人犯罪の一掃へ

警察庁が検挙した外国人犯罪は、二〇〇四年度に過去最高の四万七千百二十八件を記録しました。外国人による凶悪犯罪が急増し、世界で一番安全な国と言われた日本の治安も揺るぎ始め、多くの国民は外国人の犯罪に怯えていました。これは、日本に滞在する外国人にとってもいいことではありません。治安対が着目したのは外国人の不法滞在者です。この時期、約二十二万人もいるとされていました。そして逮捕された外国人のうち実に六割が不法滞在者でした。

さらに驚くべきことに、強制退去を受けた外国人の再入国は禁止されていたにもかかわらず、当時一年間に国外退去を命じた外国人五万六千四百人のうち、九千人は再入国者であることがわかりました。不法入国はこれほど簡単にできたのです。よく知られた例では、韓国のスリ集団が、「ヒットアンドアウェー」などと称して、来日して荒稼ぎするとすぐに帰国、再来日してまた犯行に及ぶという行為を繰り返していました。

「これは徹底して取り締まらなければ」

と党内に「不法滞在者対策強化小委員会」を結成し、対策を練ったのです。

こうした犯罪の温床となっている不法滞在者を激減させるためには、水際対策、つまり厳正な出入国管理が必要でした。

私たちは入国の際に、指紋、顔写真、眼球の虹彩、手の静脈など、「バイオメトリクス」と呼ばれる生体個人識別情報を活用できないかと考えました。水際で指紋を採取して、現在入管が所有している強制退去処分となった外国人の指紋と照合し、不法入国を阻止するのです。

自民党の治安対策特別委員会では「新たな入国管理施策への提言――不法滞在者の半減をめざして――」という提言をまとめました。その中で、

①特別永住者を除く全外国人に対して、出入国時の指紋採取を義務化する。
②上陸審査時に「ブラックリスト（不審者情報）」との照合を行う。
③日本人を含む希望者に、指紋情報を搭載した「ＩＣ出入国カード」を発行し、ゲートの自動化などで出入国手続きの迅速化を図る。
④外国人登録証に代わる「ＩＣ在留カード」を発行する。

といった具体策を示し、首相官邸に提言して法改正を求めました。

この提言の後、法案化に向けて作業が続けられるのですが、驚かされることがありました。警察庁は、外国人犯罪者約八十万人のリストや、二十万～三十万人の不法滞在者リストをもっていますが、法務省の入国管理局は強制退去させた五万～六万人のリストしかもっていませんでした。警察庁と入管の間でリストを共有していなかったのです。ここにも「振り込め詐欺」のときと同様の、縦割り組織の弊害が出ていました。

「そんなことで、入管法の改正なんかできない。お互いに連携しないと」

警察庁のブラックリストと入管のバイオメトリクス・システムがオンライン化し、情報を共有することになったのです。

「出入国管理及び難民認定法の一部を改正する法律案」は、さすがに議員立法にはなじまないということで、内閣から提出され二〇〇六年五月に成立しました。

二〇〇七年十一月からは、バイオメトリクスを活用した新しい入国審査が始まっています。導入開始から二〇〇八年七月までに入国審査ではねられた外国人は五百八十三人に上りました。その中には、精巧な偽造パスポートや本国で正式に改名したパスポートなどを所持して入国を図ろうとした者もしっかり摘発されています。

バイオメトリクスによる入国審査システムは大きな抑止力となり、国内の不法滞在者は、ピークであった一九九三年の三十万人、二〇〇四年の二十二万人から、二〇一一年には七万八千四百八十八人と激減しました。

外国人犯罪者の検挙件数も、導入前の二〇〇五年度に四万七千八百六十五件と過去最高を記録して以降は激減し、二〇一〇年度には一万九千八百九件にまで減りました。前年度（二〇〇九年度）比でみると、件数で一八・八％、人員で一〇・六％の減少とこの数字が如実に効果を物語っています。

原発事故調査委員会を国会に

東京電力福島第一原子力発電所事故に関しては、国内だけでなく世界に多大なご迷惑をかけ、いまだに不安を与えています。

事故がなぜ起こり、なぜ被害の拡大を防げなかったのか、事故を二度と起こさないために真相を徹底的に解明する。これが国民、そして支援してくれた世界の国々に対し、わが国が果たすべき責任です。

政府内には「事故調査・検証委員会」が設置され、検証作業を開始していました。しかし、今回の事故では、ベントや海水注入、使用済み核燃料プールなどへの放水、ＳＰＥＥＤＩによる放射能の拡散予測結果の公表の遅れなど、事故の初動が適切であったかについても検証されなければなりません。官邸、経済産業省、原子力安全・保安院など、政府自身が事故の当事者でもあります。保安院のやらせメールが明らかになっており、政府内部の調査では限界がある上に、調査結果も信用されません。

また、この委員会は法律に基づかない総理の諮問機関で権限も不明確であり、議論の多くが非公開です。

かつて、スリーマイル島原子力発電所で事故が起きた時、米国は、ジョン・ケメニー委員長（ダートマス大学学長・数学者）以下、十二人の委員で構成される特別調査委員会を結成して、調査と検証にあたりました。アメリカでは、議会が原子力発電所を監視する機関を設置していたため、事故当時、特別調査委員会は議会から独立して政府に置かれました。事故調査において独立性を確保することは、世界的な常識です。

自民党の塩崎恭久議員は、福島原発事故から程なくアメリカを視察し、政府から独立した調査機関を国会に設置するべきだと主張、議員立法の準備をはじめていました。私もこれに共感し、行動をともにしました。自民党と公明党が中心となり「原発事故調査委員会を国会に設置する法案」を議員立法で提出することを決めました。与党の民主党は当初、この法案に消極的でした。

私は、自民党・民主党の有志とともに「国難対処のために行動する『民主・自民』中堅若手議員連合」（民自連）を立ち上げていました。この民自連では、原発事故調査委員会を国会に設置することを、党派を超えた百人以上の議員の賛同を得て既に決議していました。

事故調査委員会の設置においては、議院運営委員会が大きな役割を果たします。私は野党の責任者である筆頭理事を務めていました。与党の筆頭理事の松野頼久議員とは、民自連の仲間でした。また、公明党の遠藤乙彦理事もこの問題には極めて熱心でした。協議に携わった各党の議員が、党利党略や政局ではなく、真摯に議論を重ね、与野党の垣根を超えて法律を成立させることができました。

事故調査委員会を政府から独立して国会に置き、議論を原則公開することで、調査結果は透明性の高い、信頼できるものとなります。

国会に有識者で構成される調査委員会を設置するのは、わが国憲政史上初めてのことです。事故調査委員会は、黒川清元日本学術会議会長を委員長とし、ノーベル化学賞を受賞した田中耕一氏など、計十名で構成されています。委員は中立な立場から公正な判断をできる見識ある人物で、大半は、原子力分野の学識経験者以外の有識者としました。これは、スリーマイル島調査委員会にならったもので、同調査委員会では十二人の委員中、原子力分野の専門家は一人しか含まれていませんでした。

福島原発事故は、なぜ発生したのか。それに対してどういう対策をとったのか。それが適切であったのか。未然に防ぐことはできなかったのか。政府の事故対応だけでなく、自民党政権時代に構築された原子力安全規制のあり方にいたるまで、事故にまつわる全ての原因が究明されなくてはなりません。それを明らかにし、国民に示すことが、国民の代表であるわれわれ国会議員の責務です。

第二部　官房長官時代のインタビュー

安倍政権は日本をこう変える

（『文藝春秋』二〇一四年二月号）

政治主導を機能させたターニングポイント

第二次安倍政権が成立して、一年が経過しました。「もう一年も経ったのか」というのが、正直な実感です。

思い返せば、一昨年の十二月十六日の総選挙で自民党が政権を奪還し、組閣をしたのは、暮れも押し迫った十二月二十六日。それ以来、一日も休まずに走り続けてきた一年でした。二〇一三年の漢字として「輪」が選ばれましたが、記者会見で私自身の漢字を問われて「即」と答えました。即断即決、即実行を心懸けてきた一年だったからです。

第一次安倍政権は残念ながら一年で退陣を余儀なくされましたが、今回の第二次政権は丸一年を迎えて、なお着実に政策を進めています。

よく皆さんに聞かれるのは、「第一次政権と第二次政権では何が違うのか」という問いです。それは、第二次安倍政権で「政治主導」が機能したことに尽きるのではないか、と感じています。

今回の政権が、政治主導を機能させるターニングポイントとなったのは、政権ができて一カ月にも満たない、昨年一月十六日に起きた「アルジェリア人質事件」でした。

アルジェリアの天然ガス施設を、イスラム武装勢力が襲撃し、日本人十人が犠牲になるという、大変痛ましい事件でした。

事件現場は、首都・アルジェから一千キロも離れた、砂漠の真ん中です。飛行場も閉鎖され、周囲は軍が包囲しています。現場が現場だけに、発生直後から情報収集は困難を極めました。現地の日本大使館や派遣した警察はもちろん、アルジェリア政府、プラントを運営するBP本社のあるイギリス、そしてアメリカなど各国から情報を収集しました。ただ、情報が集まってもお互いに矛盾する情報も多く、錯綜した状態だったのです。

日本政府も、関連官庁はそれぞれ、しっかりとした情報を得るためのパイプを持っていました。外務省や防衛省は諸外国と連携していますし、現地に社員を派遣していたプラント大手「日揮」を管轄する経済産業省も情報を持っていた。ただ、時を追うごとに状況が変わる中、そうした個々の情報を集約することができなかったのです。

あの時は何より情報が命でした。そこで無用な混乱を避け、総理が正しい判断を下せるようにと、官房長官の下に関係大臣を集め、会合を開くことにしました。情報を一元化し、総理が意志決定できる仕組みを作ったのです。

事件は政権にとって最初の試練であり、多くの犠牲者を出したことは痛恨の極みでした。ただ、この厳しい状況を経験したことで、「政治が決めて政策の方向性を打ち出し、官僚に動いてもらう」という、政治主導への第一歩を踏み出すことができたのです。

〝こびりついていた〟デフレ体質からの脱却

この一年間、安倍政権では、さまざまな課題に取り組んできました。

総理は一年前の組閣に際して、三つの柱を打ち出しました。一つは「日本経済の再生」、二つ目は「東日本大震災からの復興」、三つ目が「安全保障と危機管理」です。

その中でも、最も力を注いだのは、言うまでもなく「日本経済の再生」です。

アベノミクスの「三本の矢」と名付け、「大胆な金融緩和」「機動的な財政出動」「民間投資を喚起する成長戦略」という三つの政策を内外に大きく打ち出し、従来とは次元の異なる経済政策を実行に移したことで、民主党政権の末期に比べて、株価は七割も上昇しています。円は二割以上下落しました。

一年たってやっと、〝こびりついていた〟デフレ体質から抜けだし、国民のあいだにもようやく「経済が動き始めた」という感覚が芽生え始めたのではないでしょうか。「円高」「デフレ」という二つの課題を克服することは、私たちの大きな目標でした。この部分については、この一年間で大きな一歩を踏み出すことができたと思います。

その一方で、総理が頭を悩ましたのは、秋に結論を出さなければならなかった、消費税引き上げの問題でした。

ご存じの通り、消費税率の引き上げ自体は、民主党政権下の一昨年六月の民主、自民、公明の三党合意に基づいて決められたものです。当時の経済状況は、ＧＤＰの年率換算でマイナス三・二％で、「引き上げ」を決めたはいいものの、それを実行に移すことができる経済状況を作り出す手法は、三党合意では全くの白紙でした。

アベノミクスによって、十五年ぶりのデフレ脱却に向けて、景気回復は順調に進んでいる。二〇二〇年オリンピックの東京招致も直前に決まっていました。それでもなお、ここで景気を腰折れさせてはいけない、という激しい葛藤があったのです。

だからこそ、経済再生と財政再建を両立させるための施策を用意する必要がありました。

消費税率引き上げに合わせて、法人税減税や補正予算など五兆円を超える経済対策パッケージを組んだのはそのためでした。復興特別法人税を一年前倒しで終了することには反対意見もありましたが、総理を含めて関係大臣一同が消費税を引き上げるには、法人税を引き下げるという決断は絶対に必要だと判断していました。デフレ脱却と財政再建の両立が極めて難しいことはもちろん承知しています。しかし、〝二兎〟を追うだけではなく、その二つを実現することを目指したのです。

これらの経済政策はいずれも、はじめは各方面から批判が強かった。

ではなぜ、それを乗り越えられたかといえば、冒頭で説明した「政治主導」の仕組みが活きたからです。

アベノミクスにしても、特に異次元の金融緩和を打ち出した頃は、識者もマスコミも批判的で、財務省も大反対でした。総理と私は前々から、イェール大学の浜田宏一名誉教授と静岡県立大学の本田悦朗教授のお二人の経済政策が優れていると考えていました。リーマンショック後、世界経済が次々と回復するのに、なぜ日本だけが低迷を続けるのか。その処方箋を明確に提示していたからです。お二人には、政策ブレーンをお願いして内閣官房参与に就任していただき、批判に晒されても、お二人の考えであるインフレ政策を信じて全くぶれずに実行に移しました。そうしたら、お二人が仰ったとおりに経済が動きました。

もう一つ、反対意見の多かったのがＴＰＰです。これについては、総理から「まずは閣内をまとめてくれ」との指示を受けました。そこで、全く表には出ていませんが、岸田文雄・外相、茂木敏充・経産相、林芳正・農水相、甘利明・経済財政相の四大臣と、私だけで会合を開いていたのです。全六回にわたる会合の中で、大臣それぞれが意見を出し合い、意見を一つにまとめていきました。会合自体を表沙汰にしなかったのは、官僚を入れずに、政治家だけで冷静な議論を進めたかったからです。例えば、ＴＰＰによって農業の生産額が三兆円も減るなどという数字が出てくると、たちまち各省の利害対立が先鋭化して話が進まなくなってしまう。政治家として、まずは大臣が集まって議論をし、総理のもとに意志決定をしてしまえば、霞が関の意思が入ってくる余地はありません。実は、このやり方もアルジェリア人質事件の教訓なのです。情報の集約、意思の統一の必要がある場合では、「まず大臣会合で話し合った上で、決定する」というスタイルが確立していたからです。

このスタイルで決めたのは、経済分野に限ったことではありません。

たとえば、米軍普天間基地の移設先など沖縄問題に関しては、岸田外相、小野寺五典・

防衛相、山本一太・沖縄担当相、それに私の四人が集まりました。名護市辺野古沿岸部の埋め立て申請なども、この席で議論して決めたものです。

エネルギー政策でも、外相、経産相、環境相らが集まって話し合いました。日本が必要以上に高いガスを買っている問題について、「どこから買えば安いか」「何を買えばいいか」を議論し、方向性を決める。シェールガスは通常のガスより二割安いと言われますが、石炭なら七割も安い。日本が持っている世界トップクラスの環境技術を組み合わせれば石炭の輸入を増やすことも選択肢ではないかと話し合いました。

また、観光分野で決めた、東南アジアからの観光客のビザ要件の緩和ですが、他国ですでにやっているにもかかわらず、法務省、警察庁が大反対しました。これも各大臣にご判断をいただいて、実行に移したものです。その効果もあって、二〇一三年は訪日した外国人客が初めて一千万人の大台に乗りました。

総理とは「あうんの呼吸」

このように、政治が決断したことに、たとえ霞が関が反対意見を持っていようと、動いてもらわなければならない。

そのために、内閣は人事権を持っています。政権で決めた政策の方向性について従ってもらう一方、その責任は役人ではなく内閣が負う。

内閣法制局長官や事務次官の人事については、強引だとの批判もありましたが、政権の方向性に合う人をきわめて客観的に選ぶという方針ですから明快そのものです。もともと内閣は人事権を持っていましたが、長年それを使って来なかったために、官僚たちの抵抗は避けられません。それを越えて内閣が人事を主導するには、彼らがうなずける理由が大切になってくる。内閣として明確な方針を出し、その方針に基づいて人物本位で決めていけば、納得するしかないだろうというのが安倍政権の考えです。

例えば、安倍政権では、女性の活躍推進を目指していますから、各所に女性を登用する。海上保安庁長官を、職員の大部分を占める制服組から選んだのも、現場を知らない国交省キャリアが毎回長官を務めるのはおかしいという考えからです。いずれも、政治から見た問題意識に基づいて人事を判断しています。政権としては霞が関と対立することを目指しているのではなく、むしろ公務員の方々にも働きやすく、働きがいのあるような方向に持っていきたいのです。

このような人事を含め、様々な判断を下すためには、幅広く情報に触れるように心懸けなくてはいけません。

私にとって、食事の時間は貴重な情報収集のチャンスです。永田町や霞が関の住人とは異なる情報を得るために、午前七時には官邸近くのホテルで朝食を共にし、昼も夜も一軒目、二軒目と、国会議員だけでなく経済人、メディア関係者まで様々なジャンルの方々とお会いするようにしています。

もちろん、政権内での情報共有が重要なのはいうまでもありません。総理との関係は、政権発足以来、ここまで全く変わらずにやって来ることができました。

第一次安倍政権の時は、私自身がまさか大臣になるとは思っていませんでした。今回の第二次政権は「総裁選に出馬すべきだ」と進言したところから始まっていますから、思い入れが全くちがいます。政策を進言して、衆院選、参院選とともにやってきました。ですから、官房長官という役職に就いていても就いていなくても総理とはどこまでも一緒にやっていこうという感覚です。例えば、安倍総理が歴史認識についての発言で真意が伝わらないようなことがあれば、「私のほうで修正しますよ」とお話しして了承をもらっています。そのあたりは、あうんの呼吸で、やりとりしています。

私には、総理を目指すという気持ちは全くありませんから、あくまで自分は裏方に徹して、安倍政権の実績を積み上げていくことだけを考えているのです。

秘密法は謙虚に

政権の実績を重ねる中で、厳しい批判に晒されたのが、十二月に成立した特定秘密保護法でした。

まず、はじめに一つお伝えしたいのは、この法律が今の日本にとって、国の安全と国民の生命・財産を保護するために極めて重要で、必要とされている法律だということです。

実は、この重要性を実感したのも、冒頭で紹介したアルジェリア人質事件でした。あのとき最も情報を得ていたのは、アルジェリア政府、それにプラントの操業者であったＢＰでした。そしてこの二つの情報源から情報を取れるのは、やはりアメリカやイギリスなど関係国だったのです。しかし、日本側が知りたいと思っても、機微に触れるような情報については、こうした国々も提供を渋るという厳しい現実が立ちはだかりました。

近年、北朝鮮がミサイルを発射する事態が繰り返されていますが、もっとも詳細な情報を持っているのはアメリカです。昨年のミサイル発射騒動のさい、市ヶ谷の防衛省に、迎撃のため地対空誘導弾パトリオット3（ＰＡＣ３）を配備しましたが、現状では正直なところ発射されるまでどこに撃ってくるかは分からない。日本側の情報保全がしっかりしてくれば、アメリカ側からの確度の高い情報提供を確実なものにすることが出来るはずです。

このように、国家の安全と国民の生命・財産を守るためには、アメリカをはじめ関係各国からの質の高い情報が必要です。昨年の十二月には、国家安全保障会議（日本版NSC）が発足しました。安全保障と危機管理について、官邸に権限を集中させることを目的とした組織ですが、これを機能させるためにもこの法律はどうしても必須なのです。

秘密保護法は、自民党政権で何度も提出を模索し、民主党政権下でも、必要性に迫られて検討したことがあるものです。何度も草案を作ってきた法律ですから、中身は生煮えではありません。ただし今回は、採決の仕方にも批判がありましたし、そこは謙虚であらねばならないと思っています。しかし、議論の末に明らかになった問題点については、衆参で六十時間以上の審議をして、自民党、公明党、みんなの党、日本維新の会との間で修正して合意しています。

「秘密の指定が恣意的に行われる」「国民の知る権利が侵害される」「国民に直接罰則が及ぶ」など、さまざまな懸念も出ました。ある映画監督がテレビ番組で「これから私は映画を作れなくなる」と語っているのを見ました。「飛んでいるオスプレイを携帯で撮影したら捕まる」などという話まで出ているそうです。

作家、芸術家の方々からも批判がでましたが、この法律は、一般の方々の生活には全く影響はありません。「報道の自由」「表現の自由」をそこなうようなものでは一〇〇パーセントないということを、私がここで保証します。

特定秘密の中身についても、今後はどういうものを指定するか、そのルールを国民にオープンにしていきます。たとえば、特別管理秘密とされているものの件数は現状で四十二万件もあるとされましたが、うち九割が衛星写真で、残った一割も大部分が暗号や戦闘機、武器のスペックなどです。こうした情報の中から、有識者の意見を反映し決定され、公表もされる基準に該当するものだけが特定秘密に指定されることになるのです。そういったこともしっかり国民に理解してもらうよう努力していきたいと思っています。

いずれにしても、法律の内容にも、その採決にも懸念を持たれているのは事実です。理解されなかったことは、謙虚に反省しています。施行は一年以内とされていますから、それまでの時間を使って、民間人には関係ないということ、むしろ政府の透明性が高まるものだということを、しっかり説明していくつもりです。

最優先は「経済」

二〇一四年、安倍政権が取り組んでいく最優先課題は何かといえば、やはり「経済再生」の一言に尽きます。

昨年の取り組みで、いまようやくデフレを脱却しつつあります。その流れを確かなものにしていくのが、いま一番必要なことです。

四月から消費税率が八％に引き上げられますが、その影響で景気が腰折れしないよう、経済の好循環を作っていく。安倍政権はこの目標に向けて、すでに取り組みを始めています。

まず、経済対策を盛り込んだ五兆円を超える補正予算をはじめ経済対策パッケージがある。この中には復興特別法人税の前倒し廃止をはじめ、設備投資減税、所得拡大税制、住宅ローン減税なども含まれており、減税規模は一兆円です。これをしっかり回していくことが大事だと考えています。

今回、十二月に閉会した臨時国会では、特定秘密保護法の陰に隠れてしまいましたが、いくつも大事な法案を成立させています。特に、アベノミクスの「第三の矢」である「成長戦略」を支える重要な法律が整いました。

例えば、「産業競争力強化法」が成立しています。これは、民間投資を喚起して、国際競争に勝てる筋肉質な日本経済にするための成長戦略の要ともいえるものです。二〇一七年までの五年間を集中実施期間と位置付けて、規制緩和や優遇税制を行い、企業の事業再編や設備投資を促し、経済成長を助けます。

もう一つの目玉としては、総理が「世界で一番ビジネスのしやすい環境を創出したい」とアピールした「国家戦略特区法」も成立しています。これは、都市再生・雇用・医療・農業など六分野を中心に、地域を限定して規制緩和を行い、国際的な経済活動の拠点づくりを目指すものです。世界から資本と人材を呼び込み、国際的なビジネスの環境を整備したいと考えています。

その他にも、電力の発送電分離を実現する「改正電気事業法」、ネットで市販薬を販売するための「改正薬事法」も成立しました。

安倍総理は、十月の所信表明演説で、今回の臨時国会を「成長戦略実行国会」と位置付けましたが、そのための法案はすべて成立させています。成長戦略が着々と形になっていることが、あまり報じられていないのは残念ですが、今年はきっちりと法律を活かすよう各省庁にはどんどん発破をかけていきます。

さらに、これまでなかなか手が付けられてこなかった農業分野にも積極的に取り組みたい。臨時国会では、耕作放棄地などを県単位で集約して、農家の大規模経営を促す「農地中間管理機構法」を成立させています。また、四十年以上続いてきたコメの生産調整を見直して、いわゆる「減反の廃止」を決めました。「減反の廃止など自民党はできないと言われてきた」と総理自身も会見で話していましたが、これは総理が決断されたのです。

私自身、秋田の農家の長男として生まれ、農業にはひとかたならぬ関心を持ち続けています。師と仰ぐ梶山静六先生（元内閣官房長官）にも「お前の仕事は国民の食い扶持を探すことだ」と言われたことを肝に銘じてきました。農業を成長分野にするための取り組みは、今年も続けていきます。

六月には、政府の規制改革会議で検討を進めている「農業」「雇用」「健康・医療」など五分野について、方向性も打ちだされます。

各省庁にも、内閣の方針がかなり浸透し始めて、アイディアも上がって来ています。これらの政策をひとつひとつ実行に移して、必要があれば、さらに政府として後押ししていきます。

中韓とは焦らず淡々と

外交に目を転じると、中国、韓国との関係悪化は、国民の皆さんも心配しているところだと思います。

昨年十一月には中国が突然、尖閣諸島上空を含む空域に防空識別区を設定すると宣言しました。韓国とは昨年中に首脳会談の開催をできればよいと思っていましたが、進展はありませんでした。北朝鮮では金正恩第一書記の後見役、張成沢・前国防委員会副委員長の失脚など、混乱が続いています。

しかし日本としては緊張感をもって粛々と対処するよりほかありません。まず、日本政府がすべきことは、外交の基軸である日米関係の再構築だと思います。

政権発足当初も、日米同盟の強化が課題でした。正直なところ、二月のオバマ大統領との首脳会談の頃は、まさに手探りの状態でした。それでも、現地で共同声明までこぎ着けたのは、昨年の成果として大きかった。十月の日米外務・防衛担当閣僚会合（２＋２）は十七年ぶりに日本で開かれ、国務長官と国防長官が史上初めて揃って来日して、信頼関係を強化することができました。

この信頼をさらに高めるためには、まず沖縄問題に取り組まなくてはいけません。先述の普天間基地移設をめぐる名護市辺野古沿岸部の埋め立て承認問題については、私が窓口役を務めました。政府としてはとにかく誠意を持って対応してきたつもりです。

沖縄県民の皆さんには、七四％もの基地負担をお願いしています。一方で日本の周辺環境を見渡せば、抑止力の観点から沖縄に頼らざるを得ない現実があり、十月の「2＋2」の共同発表文書でも、辺野古移設が「唯一の解決策」とされました。

同文書には、米海兵隊をグアムに移転する時期が二〇二〇年代前半開始と明記され、米国ではその予算案もできそうです。そうなれば、沖縄の基地負担は大幅に軽減されます。

これからの課題はむしろ、本土の方々にどこまで協力してもらえるかにあるというのが私の考えです。これまで、本土の負担を増やすというと、「総論賛成、各論反対」という状況が続いていました。安倍政権では、そこを打開したいと考えています。

まず普天間基地の空中給油機ＫＣ１３０全十五機を、今年六月から九月の間に米軍岩国基地（山口県）に移駐させることで、山口県知事らと合意しました。さらに、オスプレイの訓練についても、今後は本土でかなりの部分を引き受けなくてはいけないと考えています。

沖縄県民から「なんだ、結局これまでの政権と同じではないか」と思われるようなことはしないつもりです。今年は政府ができることはすべてやるという姿勢で臨みたいと考えています。

中国、韓国との関係を考えるうえで避けて通ることができないのが尖閣諸島と竹島の問題です。両島とも日本固有の領土であることは国際法上もはっきりしています。譲ってはいけないことは譲らず、主張すべきは主張する。これが安倍政権の方針です。譲ってはいけないことというのは領土のことに他なりません。そこは腰を据えて、急がずに取り組んでいきたい。日中、日韓関係は、いますぐに首脳会談をしなくてはいけない訳ではありません。

とはいえ、こちらの対話のドアは常にオープンです。総理が言う「国際協調主義に基づく積極的平和主義」を展開しながら、淡々と進めていきたいと思います。

東日本大震災からの復興

最後に、東日本大震災からの復興について触れなくてはいけません。

十二月に二つ大きな動きがありました。一つは十四日、福島県内の除染で出た土などを保管する中間貯蔵施設について、石原伸晃・環境相と根本匠・復興相が、地元の福島県知事と双葉、大熊、楢葉の三町の町長に建設受け入れを要請しました。いま、山積みにされている汚染土の処理が進めば、目に見える形での、復興の大きなシンボルになると思います。

さらに十七日、放射性廃棄物の最終処分地の選定について、これまで民主党が進めていた立候補を待つという形でなく、国が決める方針に変更しました。これは、地方自治体の立候補を待っていては候補地が決まらないからです。民主党のように、国家的な問題について、国が座視しているのは無責任きわまりない。科学的な観点から地域を選び、住民に理解を求めていくことにしました。将来世代に先送りせず、関係する行政機関がしっかり連携して、積極的に進めて行かなくてはいけません。

昨年九月、二〇二〇年オリンピックの東京開催が決まりました。

日本にとって、六年後に一つの目標ができた意味はとてつもなく大きい。一九六四年の東京五輪は、戦後の復興を世界にアピールするものとなりましたが、二〇二〇年は、東日本大震災から復興を成し遂げた日本の姿を力強く発信する舞台となるでしょう。

政権が二年目を迎えた二〇一四年は、政権発足以来、約束してきたこと——冒頭で説明した経済、復興、安保などの諸政策が、国民の皆さんに「一つ一つ着実に進んでいるな」

と感じてもらえることが、最も大事なことだと思います。

そのためにも、私は官房長官として裏方に徹し、安倍総理をしっかりとサポートしていきたいと考えています。

支持率低下覚悟の安保関連法成立

（『文藝春秋』二〇一八年二月号）

二〇一五年、安全保障関連法が成立した。条件付きだが、自衛隊の海外での武力行使や他国軍への後方支援が可能になるため、「専守防衛の方針転換だ」と反対派が国会前を占拠するなど、激しい議論を巻き起こした。

官房長官として法案成立に尽力した菅義偉氏（69）が回想する。

特定秘密保護法で「支持率が一〇％は下がるだろう」

二〇一二年に安倍政権が発足したとき、われわれは三つの法案の成立を目指しました。特定秘密保護法、安全保障関連法、「テロ等準備罪」新設法です。

政権を担うということは、すなわち国民の生命や平和な暮らしに対する責任を負うことです。その上でこの三つの法案は、欠かすことができない重要課題でした。ただし、日本の国民は安全保障に敏感です。これらを成立させようとすれば、そのたびに内閣支持率が一〇％は下がるだろう——安倍首相も私も、そう覚悟していました。

二〇一三年、第一関門である特定秘密保護法を成立させるにあたっては、やはり世論の激しい反発を受けました。ただ、外交や安全保障上の機密を漏洩すれば、アメリカでは最も重い場合、死刑になる。日本でも重い罰則を設けなければ、他国は質の高い情報を渡してはくれません。

それから二年経って、今度は安全保障関連法です。再び強い逆風にさらされるのは明らかでした。

この法律では、憲法で制限されるとみなされてきた集団的自衛権の行使が可能になります。しかし、それはあくまで、日本と密接な関係にある他国が攻撃され日本の存立を脅かす危険があるときのみの「限定的」なものだと、私は事あるごとに強調しました。日本国民は安全保障に敏感な一方で、きわめて現実的でもあります。実際、内閣府の自衛隊・防衛問題に関する世論調査（二〇一五年版）で、日本の安全を守るためにはどのような方法をとるべきかを尋ねたところ、「日米の安全保障体制と自衛隊で日本の安全を守る」という選択肢を選んだ人は八四・六％。「自衛隊だけで日本の安全を守る」の六・六％を大きく上回る結果でした。

有事の際、アメリカと連携して日本の安全を守るためにも、安保関連法はなくてはならないものです。例えば北朝鮮から攻撃されたとき、米軍を日本が支援しないとなれば、米軍は本気で日本を守ってくれるでしょうか。こうした状況を丁寧に説明すれば、必ず理解は広がるはずだと思っていました。

そんな中、予想できない事態が起こります。法案審議中の六月四日、衆議院の憲法審査会で、参考人として呼ばれた憲法学者三人が全員「安保法案は憲法違反」としたのです。この中には、自民党が推薦した早稲田大学の長谷部恭男教授も含まれていました。これは反対派が一気に勢いづく大きなきっかけとなりました。

一部のマスコミは明確に「法案潰し」に動き、「戦争法案」と批判したり、徴兵制が復活するかのように論じたものまでありました。

体中の力が抜けた

中には、与党・公明党の支持母体である創価学会からも反対の声が多くあがっているという報道もありました。ただ、これはあくまでマスコミが与党の分断を狙ったものだと思います。実際には公明党は、説明用のビデオを作って支持者の方々に丁寧に説明し、支持を得ていました。私もそのビデオを見て「ここまでやるんだなあ」と感心したものです。

八月には大規模な国会前デモが行われ、内閣支持率は三七％（ＮＨＫ調査）まで下落。それでも私は、国民は冷静に判断するはずだと信じ続けていました。とはいえ、国会での攻防が最終盤となった九月には、徹夜の日々が続いて心身ともにクタクタ。九月十九日未明、法案が参院本会議の賛成多数により可決、成立したときには、体中の力が抜けていくような気がしたものです。

重要課題として掲げた目標のうち、最後の一つ「テロ等準備罪」の新設も、二〇一七年の改正組織犯罪処罰法の成立により達成しました。政権発足当初は、ここまでたどり着くことができるか分からなかっただけに、感慨もひとしおでした。

いま、北朝鮮は挑発行為をエスカレートさせています。弾道ミサイルは日本上空を通過し、昨年九月に実験した核の威力は、広島の原爆の十倍強ともされています。特定秘密保護法や安全保障関連法がなければ、北の脅威から日本を守ることは難しいでしょう。大きな意義のある法案成立だったと思います。

携帯料金は絶対に四割下げる

（『文藝春秋』二〇一八年十二月号）

家計を圧迫する通信費

「一億七千万」。この数字を見て、すぐにピンとくる人は、どれほどいるでしょうか。

実はこの数字、わが国における、スマートフォンも含めた携帯電話の契約台数です。今や、携帯電話は「一人一台」の時代です。私はガラケーとスマホの〝二台持ち〟で、携帯は日常生活には欠かせません。おそらく多くの人もそうでしょう。また、携帯は災害時に家族の安否確認や情報収集をするためにも必要不可欠です。国民にとって「ライフライン」の一つといっても過言でないと思います。携帯は電話で通話するだけのものではありません。LINEでメッセージを交換したり、インターネットサイトでニュースを確認したり、買い物や銀行振り込みをしたり……。私たちは日々、スマホの通信を介して、色々なサービスを受けています。

こうした中で、家計における通信費が大きく伸びています。

総務省が発表しているデータによると、二〇一七年の家計における通信費の平均月額は、十年前の二〇〇七年と比較すると、なんと四四・六％増の約一万四〇〇〇円。一方で、同じ年の家計支出全体は、月額平均で約三一万三〇〇〇円で、十年前より三・二％減。デフレ下で消費が減り続けているのに、通信費だけ突出して増え家計を圧迫しています。今や、携帯は子どもも持っていますし、若い世代は所得が低い方を含めて持っています。しかし、通信料は利用者ならば誰でも同じ金額を払うわけですから、所得が少ない世帯ではそれ以外の消費に回す金額は自ずと減ってしまいます。これは好ましいことではありません。

私はかねてから「日本の携帯電話料金の水準は高すぎる」「料金体系が不透明で分かりづらい」と主張してきました。そして今年の八月、北海道で行ったある講演会で、こう述べました。

「大手の携帯電話料金は、今よりも四割程度下げる余地があると思っています」

以前からの考えを改めて述べたつもりだったのですが、これには予想以上に大きな反響がありました。

「選挙対策のために言ったんじゃないんですか」

「消費税を上げるのを見越して、発言したんですよね」

一部からはこのような指摘も受けましたが、最近になって突然言い出したことではありません。二〇一五年九月に行われた経済財政諮問会議の席上で、安倍総理は、高市総務大臣（当時）に「携帯料金の引き下げ策を検討してください」と指示しているからです。

世界は下降傾向

日本の月々の携帯料金はどれくらい高いのでしょうか。

携帯電話事業者には、大きく分けて二種類があります。ＭＮＯ（移動体通信事業者）とＭＶＮＯ（仮想移動体通信事業者）です。ＭＮＯとは、回線網を自社で保有している会社で、日本ではＮＴＴドコモ・ＫＤＤＩ（ａｕ）・ソフトバンクの大手三社です。一方、ＭＶＮＯとは回線網を自社で保有せず、ＭＮＯからの提供を受けてサービスを展開している、いわゆる「格安ケータイ会社」はこれに当たります。

その上で、今年九月に総務省が発表した統計資料を見てみたいと思います。

ＯＥＣＤ（経済協力開発機構）加盟国である国の大都市、ニューヨーク（アメリカ）・ロンドン（イギリス）・パリ（フランス）・デュッセルドルフ（ドイツ）・ソウル（韓国）と、東京（日本）の携帯料金を比較しています。単位は円に直し、料金プランは、２ＧＢ（ギガバイト。通信容量を示す単位）・５ＧＢ・20ＧＢの三種類です。また、いずれのプランも、通話は月に七十分・メールは月に百五十五通と仮定しています。

ＭＮＯのシェア一位の事業者（日本はＮＴＴドコモ）の比較を見ると、２ＧＢだと、東京は五九四二円。高い方から二番目とはいえ、最も高いニューヨークの五九九〇円とほとんど変わりません。そして、５ＧＢになると七五六二円で一番高く、20ＧＢも八六四二円と一番高い金額となっています。２ＧＢ・５ＧＢ・20ＧＢのいずれにおいても、国際的に高い水準になっていると言って良いでしょう。

そして料金の水準に加えて大事なのは料金の傾向です。世界全体で携帯料金は下降傾向にあります。

例えば、パリとデュッセルドルフにおけるシェア上位三社のうち最も安いプランを見てみましょう。両都市とも、二〇一六年度から二〇一七年度にかけて、２ＧＢ・５ＧＢ・20ＧＢのいずれの料金プランでも金額は下がっています。特にデュッセルドルフの下落幅は大きく、20ＧＢプランでは、二〇一六年度は九八四五円だったものが翌年には五〇四九円と約五割も下がっているのです。

デュッセルドルフの金額が低い背景の一つとしては、直近数年でドイツ国内の大手と格安ケータイ会社のシェアが五：五になったことが挙げられます。格安ケータイ会社が強くなったため、大手は自ずと料金を下げざるを得ず、全体的な料金水準が一気に下がったのです。

また、シェア一位事業者を比較しても、各国は軒並み下げています。例えば5GBプランの二〇一四年から二〇一七年までの下げ幅を見ると、ニューヨークが約六割、デュッセルドルフが約七割、ロンドンが約七割、パリが約七割、ソウルが約三割下がっている中、東京は約一割しか下がっていません。

こうした各国の料金体系や、日本の置かれている環境を総合的に判断して、「四割程度は下げられる」と述べたのです。

「格安」にも大手が参入

携帯料金が高止まりしている原因の一つは、大手三社による寡占状態（競争がない状態）にあります。二〇一五年時点で、私たちはそれを問題視し、当初は「日本でも大手三社と格安ケータイ会社のシェアが五：五になるくらいを目指そう」と考えていました。

しかし、これは大手の〝抵抗〟にあって実現しませんでした。特に二社は、圧倒的な広告宣伝を行うとともに、格安ケータイ会社もみずからの勢力下に置いてきました。格安ケータイ会社の中には、進出したものの撤退するところが出てきており、現在は大手の関連会社が強くなってきているのです。

通信業界が大手三社による寡占状態にあるのは明らかです。二〇一八年六月時点での三社合計のシェアはなんと八九％もあります。こうした環境下で、大手三社は巨額の利益を上げ続けているのです。

グラフ1は二〇一七年度の大手三社の通信関連部門の営業利益です。

▼NTTドコモ――営業利益は八三二八億円、営業利益率は二一・四％。
▼KDDI――営業利益は七三二九億円、営業利益率は一八・八％。
▼ソフトバンク――営業利益は六八三〇億円、営業利益率は二一・一％。

大企業の利益率の平均は約六％。それを踏まえれば、携帯大手三社が軒並み二〇％前後の利益率というのは、あまりにも高い数字です。

携帯電話は「国民のライフライン」です。つまり、彼らは半ばインフラ企業で、一定の公的役割を担っています。その点、参考にすべきは電気料金やガス料金です。

携帯大手三社平均の利益率と、東京電力HD、東京ガスの利益率は大きく乖離しています。二〇一七年度の数値を比較してみると、東京電力HDは四・九%、東京ガスは六・五%。ところが、携帯大手三社の平均は二〇・四%で三~四倍にもなる。同じインフラ企業でも、ここまでの差が開いているわけです。

多くのインフラ企業の営業利益率は高くても一〇%程度です。それを超えた分は利用者に値下げなどで還元しようという抑制が働いているのでしょう。そもそも、電波は公共物であり、国民の財産です。その電波の利用料は、この四年間でNTTドコモが二四四億円から一六八億円に、KDDIは一六八億円から一一四億円に、ソフトバンクは一九五億円から一五〇億円に下がっています。このように諸外国と比べても格安で電波を用いている企業が過度な利益に走るのは不健全です。

本当に設備投資しているのか

しかし、そう言うと、次のような反論も聞こえてきます。

「今よりもっと速い次世代の5G(第5世代)移動通信方式の設備投資資金が必要だ。それを考えれば、決して過度な利益などではない」

グラフ1 大手3社(通信関連部門)の営業利益

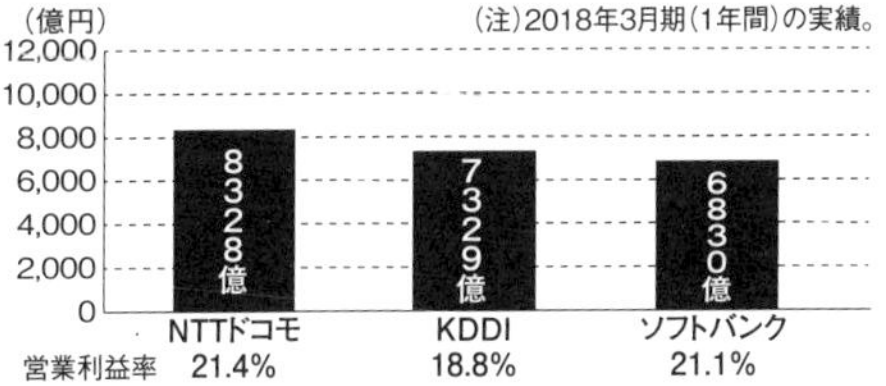

グラフ2 大手3社の設備投資額と減価償却費

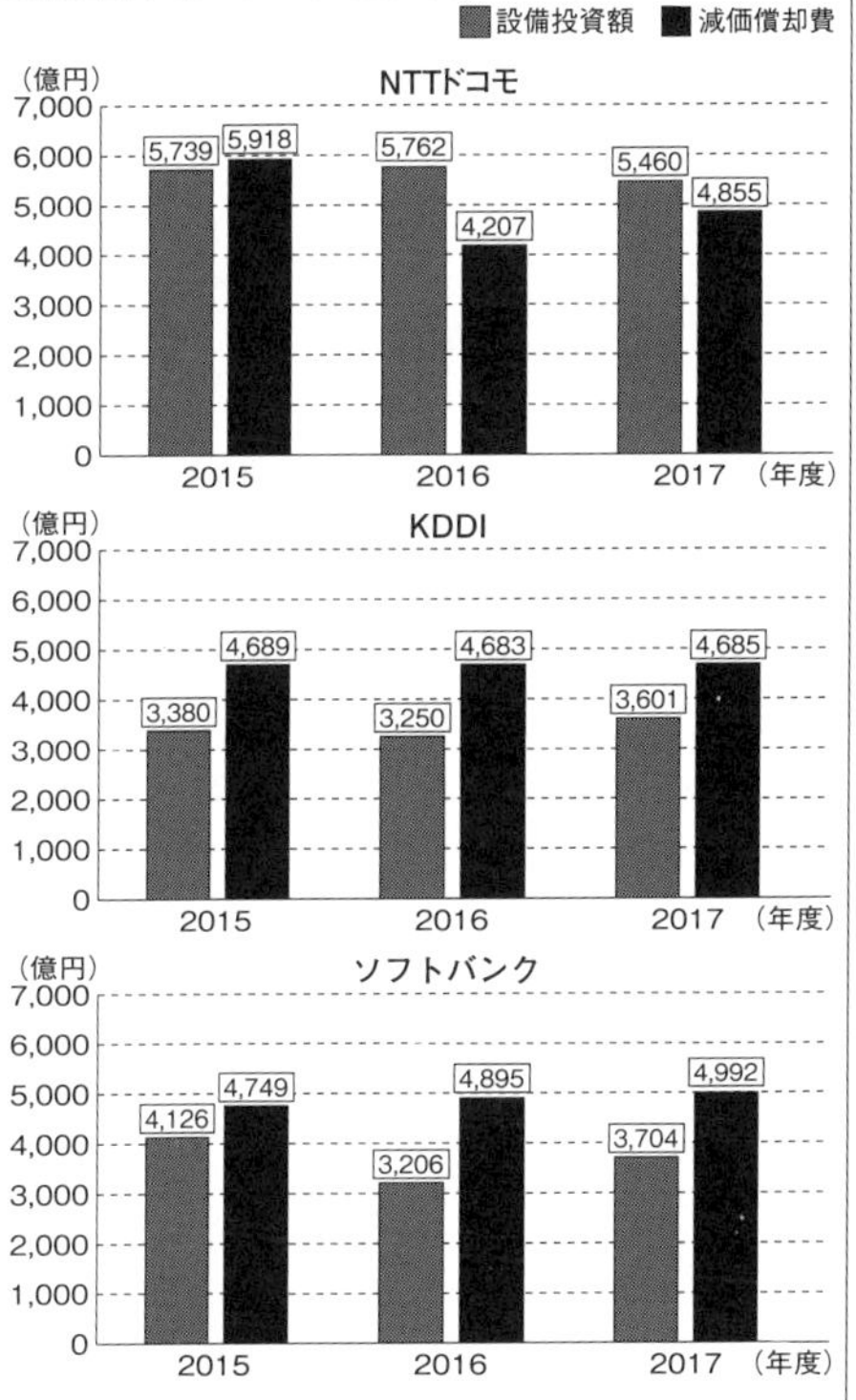

注1) 使用した設備投資額は、NTTドコモは、通信事業(固定等含む)に係るもの。KDDIは、移動通信事業に係るもの。ソフトバンクは、国内通信事業(固定等含む)に係るもの。

注2) 使用した減価償却費は、NTTドコモは、2015年度、2016年度は通信事業(固定等含む)に係るもの、2017年度は連結。KDDIは、パーソナルセグメント(固定等含む)に係るもの。ソフトバンクは、国内通信事業(固定等含む)に係るもの。

快適な通信環境のための設備投資には、私も大いに賛成です。利用者が良いサービスを享受できるように設備投資を継続的に行うのは、成長する企業の使命だからです。

ならば、大手三社はどれくらい設備投資をしているのでしょうか。決算報告書を丹念に調べてみると、驚くべき事実が判明しました。

前頁のグラフ2は、大手三社の二〇一五年、二〇一六年、二〇一七年度の「設備投資額」と「減価償却費」の比較です。ＮＴＴドコモが二〇一六年、二〇一七年と若干上回っているものの、ＫＤＤＩとソフトバンクは、いずれの年度も、設備投資額が減価償却費を下回っています。この事実は何を示すのか。

減価償却費とは会社の設備の「資産価値の低下分」です。つまり、設備投資額が減価償却費を下回っているというのは、端的に言えば、「新しい設備の金額」よりも「資産価値が低下した金額」のほうが大きいということで、「年々、実質的に設備が減り続けている」ということに他ならないのです。

もし、５Ｇ向けの設備投資をしているならば、設備投資額が大きく上回っていなければ、辻褄が合わないと思います。「設備投資が大変だから、高利益でも問題はない」という説明は成り立ちません。

半日がかりでの契約

日本の携帯電話市場で競争が働かず、寡占状態が出来てしまった一因は、長年続いてきた携帯端末の販売方法にもあります。

大手三社は、携帯端末を製造するメーカーから端末を買い取り、利用者に販売する「販売代理店」の役割も担ってきました。携帯電話の契約のためにドコモショップやａｕショップ、ソフトバンクショップに行き、端末を購入すると、その代金は、月額の通信料と一緒に請求され、通信料の方が割り引かれます。利用者にとっては、「端末費」と「通信費」の区別がつきにくいのです。

この契約システムは問題です。

私もガラケーとスマホの二台を持っているので、毎月、利用明細が送られてくるのですが、それを見るたびに、細かさと複雑さに閉口してしまいます。項目が多岐にわたり、「何にいくら支払っているのか」「何がどう割引になっているのか」が、よく分からないからです。あの複雑な料金体系を完璧に理解している人は、ほとんどいないのではないでしょうか。

私は、二〇〇六年から約一年間、総務大臣を務めていました。当時はまだガラケーでしたが、「端末全機種0円」と大々的に打ち出して販売している事業者がありました。私はそれを見て、「本当に無料で携帯を持ち帰れるのか？」と思いました。しかし、聞くとどうも違うらしい。本当にタダなのではなく、その場で支払う金額は0円でも、月々の通信料で回収される仕組みだからです。この契約スタイルは極めて不健全だと思いました。

「お金のない人が、携帯をその場で買えてしまうシステムってどうなんだろうか」

その時、ふと違和感を抱いたのですが、それが後に携帯料金に問題意識を持つきっかけとなりました。あれから十年以上が経ちましたが、この問題は解消されるどころか、よりひどくなっているように私には見えます。

契約内容が複雑で分かりにくいがゆえに、契約の手続きにも時間がかかっています。一人当たり一時間半〜二時間、仮に家族全員で手続きすると半日がかりの話になります。

「これも何とかしてほしい」という声をよく聞きます。

利用者に「選択の自由」を

この複雑な料金システムの中でも、とりわけ〝二つの慣習〟が利用者から「選択の自由」を剝奪しています。これこそが正当な競争を阻んできた最大の要因です。

一つ目が「ＳＩＭロック」です。これは、携帯事業会社が販売したｉＰｈｏｎｅなどの端末を他社で使えないようにロックをかける機能のことです。端末を購入した利用者は、必然的にその会社に縛られることになります。

ＳＩＭロックについては、総務大臣だった時から、「これはやめるべきだ」と言い続けてきました。公平な競争を妨げていることは明らかで、国際的にも「撤廃」の方向で進んでいたからです。多くの国民からも、「好きな時にロックを外してほしい」「もっと気軽に会社を乗り換えたい」という声が絶えなかった。しかし、大手三社はなかなか積極的に動きませんでした。

ただ、ここ数年、ようやくＳＩＭロック解除の流れが出来てきました。総務省は二〇一四年に利用者が自分で購入した端末についてはＳＩＭロック解除に応じるように義務付ける指針を作りましたし、来年九月からは、中古端末も解除に応じなければならなくなります。かなりの流動性がもたらされるでしょう。

二つ目はより手の込んだ「二年縛り・四年縛り」と呼ばれる契約スタイルです。

二年縛りとは、二年間の通信契約を結び、途中解約には九五〇〇円の違約金を課すというもので、大手三社のいずれも行っています。

　ＫＤＤＩとソフトバンクはさらに四年縛りを展開しています。契約時にｉＰｈｏｎｅなどの高額端末の代金を割り引く代わりとして、二年間の通信契約終了時点で保有している端末を〝下取り〟に出させ、引き続き次の二年間も同様の料金プランに加入することを強制するものです。つまり、実質四年間は乗り換えができないように拘束しているわけです。「ＳＩＭロック」「二年縛り」「四年縛り」という慣習は、大手三社だけで寡占状態を維持するための仕組みに他なりません。中古品を出回らなくさせることによって、彼らは「新品」を独占的に販売できるからです。こうして寡占状態が形成されていったのです。

　これらの慣習は公正取引委員会からも問題視されています。今年六月、公取委は、四年縛りについて「独占禁止法違反の恐れがある」と指摘しました。ＫＤＤＩとソフトバンクはこれを受けてようやく契約条件の見直しを表明しましたが、遅すぎる対応でした。

　携帯の料金はシンプルに分かりやすくあるべき、というのが私の持論です。「通信費」と「端末費」は明確に分けるべきだと思います。

　本来は、「端末は端末で好きな物を買って、通信事業者は通信事業者で好きな会社と契約する」という形が望ましいのです。今後こうした悪い慣習が無くなれば、利用者には

「選択の自由」が与えられ、必然的に競争が生じてくるはずです。

携帯大手三社には、「電波という国民の財産を使って事業をしている限られた存在だ」ということを自覚して事業を行ってもらいたいと思っています。

決して彼らを目の敵にしているわけではありません。私は政治家として、国民の声を代弁したいだけなのです。

三年前、経済財政諮問会議で携帯料金の値下げに言及した時は、「政治家が民間の料金に口出しするのはおかしい！」という批判を受けました。しかし、最近は状況が変わってきたと感じています。

「菅さんと同じことを考えていました。だから、政府が主導してちゃんとやってほしい」

今、私のところには、このような要望が数多く寄せられています。

携帯料金の値下げを実現するには、寡占状態を解消し、健全な競争が行われるようにする道しかありません。政府は民間の競争に介入すべきではありませんが、健全な競争が行われていなければその環境を整えることは政府の役割です。

来年十月にはインターネット通販大手の楽天が自前の回線を持つＭＮＯとして新規参入することが決まっています。楽天が総務省に提出した事業計画によれば、料金水準は大手三社の半額程度。総務省の研究会でも検討が既に始まっています。

私は、事業者間の競争がしっかり働くための仕組みは、スピード感をもって検討し、結論が得られたものから速やかに対応していくべきだと考えています。国民の皆さんにとって分かりやすく納得できる料金・サービスが実現されるよう、引き続きしっかり取り組んでいきたいと思っています。

我が政権構想

（『文藝春秋』二〇二〇年十月号）

「出馬を考えていなかった」のは当然のこと

今回、新型コロナウイルス感染症との闘いという国難に直面し、感染防止と経済活動の両立という難題の舵取りが求められている中で、安倍晋三総理が自身の体調によって、急遽辞任を表明されました。陣頭指揮の大役から退かれる総理の無念はいかばかりか、と拝察しています。

私は安倍総理が辞任を表明される直前まで「出馬は考えていない」と申し上げてきました。それは来年の総裁選を想定した質問でしたし、そもそも最後まで総理を支えるのが官房長官の仕事ですから、「出馬を考えていなかった」のは、当然のことです。

しかし、突然の辞任表明で事態は一変しました。この国難への対応には一刻の猶予もなく、政治の空白は許されません。誰かが後を引き継がねばならない。果たして私がやるべきか――熟慮に熟慮を重ねました。それでもこの難局に立ち向かい、総理が進めてこられた取り組みを継承し、更なる前進を図るために、私の持てる力を尽くすべく、総裁選出馬を決意した次第です。

喫緊の課題は、コロナ感染症との闘いをどう乗り切っていくか。今後も、欧米や中南米のような爆発的な感染拡大を絶対に防がなくてはなりません。もちろん、国民の命と健康を守ることが第一です。しかしその中で、感染防止と社会経済活動の再開を両立させなければ、国民生活が立ち行かなくなる。各国とも悩みながらこの両立に取り組んでいますが、これが、まさに「政治の責任」です。

今年四~六月のＧＤＰは年率換算でマイナス二七・八％と、過去最大の下落幅となりました。この数字を見ても、再び経済活動を全面的に制限することはできる限り避けるべきでしょう。特に瀕死の状態なのが、これまで地域の経済を支えてきた観光です。ホテルや旅館のほか、バス、タクシー、食材、お土産屋さんなどで約九百万もの人々が働いていますが、ホテルの稼働率は一時期一割程度にまで落ち込みました。

そこで安倍政権が、専門家のご意見を聞いた上でスタートさせたのが「Ｇｏ Ｔｏキャンペーン」です。感染対策をしっかりと講じているホテル・旅館を対象に、宿泊代金の支援を行ってきました。八月二十七日までの約一カ月間で少なくとものべ五百五十六万人の方々に利用頂きましたが、登録されたホテル・旅館で現在判明しているGo To利用の感染者は僅か六名に留まっています。

Go Toに関しては、当初は大変厳しい意見を頂くことも多かったのは事実ですが、少しずつ国民の皆様のご理解を頂けているのではないでしょうか。今後も、感染対策をしっかり講じることを前提に、観光、飲食などコロナでダメージを受けた多くの業種を支援することで、国民生活を守っていきたいと考えます。

最優先課題は「地方創生」

私は秋田の寒村のいちご農家に育ち、子どもの頃から「出稼ぎのない世の中を作りたい」と思っていました。政治家になってからも、地方を大事に思う気持ちは脈々と息づいています。総務大臣時代には、生まれ育った故郷に貢献したいとの多くの人の思いを実現する方法として、かねてから自分の中で温めていた「ふるさと納税」制度を立ち上げました。

だからこそ、自民党総裁の任を引き継ぐことが私に許されるなら、「地方創生」を最優先課題の一つとして取り組みたい。我が国はいわゆる東京圏（一都三県）以外での消費が全体の七割を占めます。この中で、地方の所得を引き上げ、地方の消費を活性化しなければ、日本経済全体を浮揚させることは不可能です。

二〇一二年末に発足した第二次安倍政権においても、私は「観光」と「農業改革」を地方創生の二本柱として取り組んできました。特に官房長官として手掛けた外国人観光客の誘致拡大は「地方の経済をもっと元気にしたい」との思いからです。

当初は法務省と警察庁の官僚が「ビザ緩和で治安が悪化する」と大反対でしたが、本当にそうだったでしょうか。外国人観光客が増えること自体は良いことのはずです。そこで私は当時の法務大臣と国家公安委員長の二人にまず了解をもらい、観光庁を所管する国土交通大臣と外務大臣を加えた五人の閣僚で、十分足らずで観光ビザの緩和を決めました。

こうして政治が方針を明確にすれば、官僚は極めて優秀ですから、その方向で動き出してくれる。結果、外国人観光客は八百三十六万人（一二年）から三千百八十八万人（一九年）へと急増したのです。治安が悪化したという事実もありません。

コロナによって観光は極めて厳しい状況になっていますが、「活力あふれる地方」を創っていくためにも、再び外国人観光客を増やしていきたい。そのように考えています。

しかし、コロナが地方にとってマイナスばかりというわけではありません。テレワークなどが広がったことで、むしろ地方の可能性は広がったのではないでしょうか。ここで必要なのが「デジタル化」です。いまだに山間部や離島では光ファイバーが届いていない地域が多い。今回の二次補正予算では、私が主導し、離島も含めて全国に光ファイバーを敷設する予算（五百億円）を確保しました。これによって、多くの地方でテレワーク、さらには遠隔で医療や教育を行うための重要なインフラが整備されていくはずです。

「当たり前」を見極める政治

私が政治の道を志して以来、一貫して重視してきたのは、国民の皆様から見て、何が「当たり前」かをきちんと見極めるということです。世の中には、まだまだ数多くの「当たり前でないこと」が残っています。

例えば、携帯電話の料金。いまや携帯は「国民のライフライン」にもかかわらず、世界で最も高い水準の料金が放置され、契約体系も複雑なものでした。そこで昨年踏み切ったのが、二年契約の途中で解約した場合の違約金を九千五百円から上限一千円に引き下げるという法改正です。

それでも、市場の九割を占める大手三社は二〇％前後の高い営業利益率を出し続けています。大企業の利益率の平均は約六％ですから、まだまだ値下げの余地はある。ここにも切り込んでいかなくてはなりません。

そして「当たり前でないこと」の最たるものは、「行政の縦割り」から生じる様々な非効率や不合理でしょう。ふるさと納税もビザの緩和も官僚たちには反対されましたが、私には、国民生活に利益をもたらし、この国が更に力強く成長するために必要だという確信がありました。

二十五兆円以上が浮いた計算

最近、その「行政の縦割り」を痛感したのが、ダムの問題です。きっかけは、昨年十月の台風十九号でした。荒川と多摩川の濁流を目の当たりにし、もし堤防が決壊したら、経済へ甚大な影響が出てしまうと危機感を抱いたのです。東京では大規模な浸水を食い止められましたが、被害が大きかった地方もあった。何か来年までにできることはないか、水害対策の検討を関係省庁に指示しました。

すると、国交省の担当局長がこう言ってきたのです。全国に千四百七十のダムがあるが、そのうち水害対策に活用されているのは国交省所管の五百七十のダムだけ。残りの九百は、経産省が所管する電力会社のダム、農水省が所管する農業用のダム等で、これら「利水ダム」は水害対策には利用されていない、と。

まさに「行政の縦割り」の弊害です。そこで私は台風シーズンに限って、国交省が全てのダムを一元的に運用する体制を整えました。結果、全国のダム容量のうち、水害対策に使えるのは四十六億立方メートルから九十一億立方メートルへと倍増した。これは、群馬県の八ッ場ダム五十個分にあたります。八ッ場ダムの建設に五十年、五千億円以上かかっていますから、単純計算で二十五兆円以上が浮いたことになる。これで、各ダムの下流では氾濫を相当減らすことができると思います。

旧建設省出身の増田寛也元総務大臣も「複数省庁に跨るダムの問題は菅長官にしかできなかった」と評価して下さいましたが、徹底した国民目線で行政の縦割りを打破していくことこそ、政治家の役割なのです。

自然災害やコロナのような緊急事態を乗り越えるにあたっては、国民の皆様や地方自治体に更なる協力をお願いする場面も出てくるでしょう。私の持論は、国の基本は「自助、共助、公助」。自分でできることはまずは自分でやってみる。そして、地域、自治体が助け合う。その上で、政府が必ず責任を持って対応する。国民から政府がそのような信頼を得られるような、そういう国のあり方を目指したい。激甚化する水害などへの対応は着実に進め、国や行政と住民との間の信頼関係を深められるよう、一層努力していくつもりです。

外交・安全保障分野は弱点か？

一方、外交・安全保障の分野を、私の弱点だと指摘する声があります。確かに外務大臣や防衛大臣の経験はありません。が、私はこれまで様々な外交現場を見てきました。昨年五月に訪米した際にはペンス副大統領らと会談しましたが、改めて痛感したのが、日米同盟の重要性です。

私は沖縄の基地問題に力を注いできましたが、民主党政権時代は、普天間飛行場移設問題を巡る迷走から日米関係が一気に悪化しました。その間、何が起きたのか。韓国の李明博大統領が竹島に、ロシアのメドベージェフ大統領が北方領土に、それぞれ初めて上陸したのです。尖閣諸島付近では中国の漁船が日本の巡視船に衝突し、漁船の船長を逮捕したものの、釈放を余儀なくされる事案も発生しました。「米国と距離のある日本は怖くない」

と周辺国に足元を見られるのが、冷酷な外交の世界です。

だからこそ、日米同盟を一層強固にしていくことが欠かせない。そのために何より大事なのが、米国との約束はきっちり守ることです。その意味で、政府が昨年末、馬毛島（鹿児島県）を取得したことは大きな効果がありました。約二千五百メートルの滑走路を整備し、艦載機の訓練にも活用することで様々なメリットが生まれると思います。私も土地取得の交渉を指揮したところ、米国の国防長官を含む関係者から幾つものお礼状を頂きました。

韓国との関係を考えても、米国の存在は大きい。そのことを誰より分かっておられたのが、安倍総理です。日韓両政府は一五年末、慰安婦問題の「最終的かつ不可逆的な解決」で合意しましたが、これまでの経緯を考えれば、韓国側が合意を覆す可能性もゼロではなかった。そこで総理の指示の下、米国政府に合意を歓迎する声明を出してもらうべく外交ルートで調整し、〝証人〟となってもらったのです。こうした「外堀を埋める外交」も時に必要だと感じました。もっとも、これほど早く日韓関係がおかしくなるとは思いませんでしたが、日本と韓国、どちらがゴールポストを動かしているか、〝証人〟の米国もよく分かっているでしょう。

中国については、最近、中国公船が尖閣諸島周辺の日本領海への侵入を活発化させており、深刻な状況にあるのは間違いない。他方で中国との間には深い経済関係もあるわけですから、主張することは主張し、懸案の一つ一つについて前向きな対応を引き出していくことが肝要です。

トランプ大統領の心をくすぐった〝殺し文句〟

日本を取り巻く安全保障環境が不透明感を増していく中で、米国という存在がこの地域の安定に寄与していることは確か。そうした観点からも、日米同盟を一層盤石なものにしていかなくてはならないのです。

もちろん、「シンゾー」「ドナルド」と呼び合う安倍総理とトランプ大統領の関係は特別なものがあり、そう簡単にマネはできません。ただ、これは一つ自慢なのですが、二人がこうした関係を築いた背景には、実は私の貢献も多少はあるのです。

二〇一六年十一月の大統領選でトランプ氏の勝利を予測していた人は、外務省にも誰もいなかったのではないでしょうか。しかし、私はトランプ氏側とも関係を築いておくべきだと考えた。それで選挙前の十月に来日した、後にトランプ政権のキーパーソンになる人物と会食したりもしました。同時に、トランプ氏の心をくすぐるような〝殺し文句〟も調べていた。詳しくは言えませんが、当選直後に総理がお祝いの電話をかけた際、その言葉を口にすると、トランプ氏は大層喜んでくれたそうです。

私が外交で大事にしたいのは、こうした「全体を見る目」。言い換えれば、万が一のケースにも備える危機管理能力です。そうした能力を生かせれば、様々な場面に対応できるのではないか。そう自負しています。

「派閥の談合」には当たらない

今回の総裁選に関して、「派閥の談合」と批判する意見もあるようですが、それは全く当たっていません。そもそも私は、最近は一貫して無派閥を貫いてきました。

自民党の派閥は人事や政策などで色々な役割があると思いますが、私自身は、特に第二次安倍政権発足後は、派閥に入っていない若い先生方が人事などで不利にならないよう勉強会的なものを作ってきました。そのグループには十五人ほどがいますが、私と同じたたき上げの政治家ばかり。今回は彼らからも出馬の要請を頂いており、その期待に応えるべく頑張りたいと考えています。

安倍総理は辞任を表明された記者会見で、ＰＣＲ検査体制の抜本的な拡充など、季節性インフルエンザの流行も見据えた新たなコロナ対策を打ち出しました。この対策を実行する人間が必要です。もし私が党内でご支援を頂けるとしたら、それは政治の継続性という観点からも、安倍総理と一緒にコロナ対策に取り組んできた菅が良いのではないか、と考えて下さったからではないでしょうか。

安倍総理とは官房長官として毎日お会いしていますので、その中で今回の出馬についてもご報告しました。ただ、何か特別なやり取りをしたわけではありません。そもそも、辞めていく者が「次をやって欲しい」と指名するのはおかしい、というのが総理のお考えですから。ただ、一緒にコロナ対策に取り組んできましたから、私の出馬を総理は喜んで下さっていると思います。

安倍総理は以前、インタビューで「菅総理には菅官房長官がいないという問題がある」と指摘されました。ただ、繰り返しになりますが、私自身は総理を目指していませんでしたから、そういう〝女房役〟の養成などは考えたこともありません。だからといって、この国難を見て見ぬふりするわけにはいかないのです。

麻生太郎副総理も同じお考えだと思います。誰かがコロナ対策を引き継がなければならない。安倍総理の強い思いをこの内閣で最もよく分かっているのは、七年八カ月間、ともに総理を支え続けてきた麻生さんと私です。ですから、麻生さんにも私がやろうとしていることに、賛同して頂けるのではないでしょうか。

国民の「食い扶持」を作る

私は一九九六年に衆院議員に初当選しましたが、その頃から「政治の師」と仰いでいるのが、橋本龍太郎内閣の官房長官や自民党幹事長を歴任された故・梶山静六先生です。梶山先生が九八年の自民党総裁選に派閥（小渕派）を離脱して立候補した際には、私も当選一回生でしたが、先生とともに決死の覚悟で派閥を離れ、党内に支持を訴えて回りました。

　初当選直後、梶山先生から頂いた叱咤激励が胸に強く残っています。

「政治家の仕事は、国民の食い扶持を作ることだ。そのために何ができるかしっかり勉強しろ。経済界、学界、マスコミ、官僚、色々な人脈を紹介してやる」。この「食い扶持を作れ」というのは梶山先生らしい表現ですが、国民の生活を支える政策を行うには、様々な視点、知見を持つ人々から幅広く話を聞く必要があるんだ、ということ。その通りだと思い、私も各界の専門家からなるべく幅広く話を伺い、自分の糧になるよう勉強を重ねてきたつもりです。

同時にこうも言われました。

「お前は大変な時代に政治家になった。国全体が成長している時、与党の政治家が国民から支持を得ることは難しくない。俺はそんな良い時代の政治家だった。しかし、これからは人口が減少し、それだけでデフレになる。国民に負担を強いる政策も必要になる。与党の政治家は国民に対し、その必要性を説明し、理解してもらわなければならない」

梶山先生の言葉通り、少子高齢化、人口減少をはじめ我が国は多くの問題を抱えています。これらの問題の解決には、政治がしっかりと方向性を示し、国民の皆様にもご協力をお願いすることが必要です。しかし、そのためには、同時に政治家自身が国民の皆様への説明責任をしっかりと果たしていく必要がある。

歴史を振り返れば、いわゆるスキャンダルなどに対し、説明責任を果たせず、時の政権が窮地に立たされたこともありました。私にはそうしたスキャンダルはありません。三十八歳で市会議員に初当選した時から三十年以上、政治家を続けていますが、ケジメは明確につけています。

意志あれば道あり

今から八年前、私は再び安倍晋三という政治家を総理大臣にしたいという思いで、当時の総裁選を戦いました。あの時から総理とはずっと志を同じくしています。ですから、すべての国民が輝くことのできる国造りなど、基本的に安倍政権が目指してきたものを引き継いでいきたい。

ただ、これまでと違うのは、コロナ感染症によって経済が危機的な状況にあり、その中でサプライチェーンの問題など構造変革が迫られているということです。だからこそ、まずやるべきは、コロナ対策に全力をあげて雇用を守る、企業を倒産させないようにする。梶山先生の言葉で言えば、「国民の食い扶持を必ず作る」。それが、私の仕事です。

七十一歳になりましたが、体調は万全です。七年八カ月間にわたり、官房長官として危機管理の責任者を務めてきました。その任を果たすために、毎朝四十分のウォーキングや百回の腹筋など体調管理と規則正しい生活に特に意を用いてきた。こういう経験を引き続き、国のために生かせるのであれば、本望です。

私の座右の銘は「意志あれば道あり」。どんな困難でも強い意志があれば、必ず道は開ける。我が国の英知を結集し、全身全霊でコロナ感染症との闘いという国難に立ち向かっていく。そして必ずやウィズコロナ、ポストコロナの時代に向けて日本を再生させ、この国を前に進めていきたいと思います。

おわりに

国民のために働く内閣

私は常々、世の中には、国民の感覚から大きくかけ離れた、数多くの「当たり前でないこと」が残っていると考えてきました。

省庁の縦割りによって、我が国にあるダムの大半が洪水対策に全く活用されていなかった事実。また、国民の財産である電波の提供を受けた携帯電話の大手三社が、九割の寡占状態を維持し、世界でも高い料金で二〇％もの営業利益率を出し続けている事実。他にも、このような「当たり前でないこと」はさまざまなところに残っています。

それらを見逃さず、現場の声に耳を傾け、何が「当たり前」なのか、見極めて判断し、そして大胆に実行する。この私の信念は今後も、揺らぎません。

私が目指す社会像、それは「自助・共助・公助」、そして「絆」だと、度々申し上げてきました。自分でできることはまず、自分でやってみる。そして、家族、地域で助け合う。その上で、政府がセーフティネットでお守りする。そうした国民から信頼される政府を目指したいと思っています。

目の前に続く道は、決して平坦ではありません。

しかし、行政の縦割り、既得権益、そして悪しき前例主義を打破し、規制改革を全力で進める「国民のために働く内閣」を作っていきます。皆様のご期待に応えられるよう、覚悟を持って国政の指揮を執っていきたいと考えています。

令和二年九月

内閣総理大臣

菅義偉

菅 義偉（すが よしひで）
1948年秋田県生まれ。高校卒業後に上京し就職。法政大学卒。26歳のとき「人生を政治にかけたい」と志を立てる。代議士秘書、横浜市議を経て、1996年衆議院選挙で初当選すると、以後、8期連続小選挙区当選。第一次安倍内閣で総務大臣に就任し、「ふるさと納税」制度などを創設した。その後、自民党選挙対策総局長、党組織運動本部長などを歴任。2012年に第二次安倍政権の発足にあわせて官房長官に就任、7年8カ月にわたって政権を支えた。2020年9月16日、第99代内閣総理大臣に指名された。

文春新書

1287

政治家《せいじか》の覚悟《かくご》

2020年10月20日　第1刷発行

著　者　菅　義偉
発行者　大松芳男
発行所　株式会社 文藝春秋

〒102-8008　東京都千代田区紀尾井町3-23
電話（03）3265-1211（代表）

印刷所　理想社
付物印刷　大日本印刷
製本所　大口製本

定価はカバーに表示してあります。
万一、落丁・乱丁の場合は小社製作部宛お送り下さい。
送料小社負担でお取替え致します。

ISBN978-4-16-661287-1

◆政治の世界

日本人へ リーダー篇　塩野七生
日本人へ 国家と歴史篇　塩野七生
日本人へ 危機からの脱出篇　塩野七生
日本人へIV 逆襲される文明　塩野七生
新しい国へ　安倍晋三
小泉進次郎の闘う言葉　常井健一
女子の本懐　小池百合子
国会改造論　小堀眞裕
日本国憲法を考える　西 修
憲法改正の論点　西 修
日本人が知らない集団的自衛権　小川和久
日米同盟のリアリズム　小川和久
拒否できない日本　関岡英之
司馬遼太郎 リーダーの条件　半藤一利・磯田道史・鴨下信一他
財務官僚の出世と人事　岸 宣仁
公共事業が日本を救う　藤井 聡

大阪都構想が日本を破壊する　藤井 聡
「スーパー新幹線」が日本を救う　藤井 聡
体制維新――大阪都　橋下 徹・堺屋太一
仮面の日米同盟　春名幹男
「反米」日本の正体　冷泉彰彦
安倍晋三「保守」の正体　菊池正史
自滅するアメリカ帝国　伊藤 貫
21世紀 地政学入門　船橋洋一
日本に絶望している人のための政治入門　三浦瑠麗
あなたに伝えたい政治の話　三浦瑠麗
21世紀の日本最強論　文藝春秋編
政治の眼力　御厨 貴
情報機関を作る　吉野 準
国のために死ねるか　伊藤祐靖
田中角栄 最後のインタビュー　佐藤 修
安全保障は感情で動く　潮 匡人
軍人が政治家になってはいけない本当の理由　廣中雅之
小泉進次郎と福田達夫　田﨑史郎

日本4・0　エドワード・ルトワック 奥山真司訳
日本よ、完全自立を　石原慎太郎

◆アジアの国と歴史

韓国人の歴史観　黒田勝弘
決定版 どうしても“日本離れ”できない韓国　黒田勝弘
中国4・0　エドワード・ルトワック　奥山真司訳
「南京事件」の探究　北村　稔
日中韓 歴史大論争　櫻井よしこ・田久保忠衛・古田博司　劉江永・歩平・金燦栄・趙甲濟・洪熒
韓国・北朝鮮の嘘を見破る　鄭大均　古田博司編
韓国併合への道 完全版　呉　善花
侮日論　呉　善花
朴槿恵の真実　呉　善花
「従軍慰安婦」朝日新聞vs.文藝春秋　文藝春秋編
韓国「反日」の真相　澤田克己
女が動かす北朝鮮　五味洋治
北朝鮮秘録　牧野愛博
ルポ 絶望の韓国　牧野愛博
「暗黒・中国」からの脱出　顔伯鈞　安田峰俊編訳
米中激突　陳破空　山田智美訳

「中国」という神話　楊　海英
劉備と諸葛亮　柿沼陽平

(2018. 12) C